죽고 싶지만 서울대는 가고 싶어

죽고 싶지만 서울대는 가고싶어

추천사

저는 이 책을 읽으며 두 가지 생각이 들었습니다. 하나는 "도대체 어떻게 이런 삶을 살아낼 수 있었을까?"였고, 다른 하나는 "이런 삶을 살아낸 사람이 어떻게 이토록 따뜻한 시선을 가질 수 있을까?"였습니다.

세상에는 저마다 아픔을 품고 살아가는 사람들이 많습니다. 그러나 그 아픔을 정직하게 마주하고, 다시 일어나며, 그 안에서 의미를 찾아가는 사람은 많지 않습니다. 이 책은 단순한 성공담을 늘어놓지 않습니다. 저자는 자신이 걸어온 길을 있는 그대로 보여줍니다. 어린 시절의 상처, 가족과의 갈등, 절망과 방황, 그리고 끝내 자신의 길을 찾아 나아가는 과정까지. 무엇보다 이 책의 가장 큰 미덕은, 고통 속에서도 희망을 포기하지 않는 저자의 태도입니다.

많은 사람이 이렇게 말합니다. "노력은 배신하지 않는다." 하지만 삶이 너무 가혹할 때는 그 말을 쉽게 받아들이기가 어렵습니다. 저자도 그런 시간을 지나왔습니다. 그러나 거기서 멈추지 않았습니다. 치열하게 고민했고, 넘어졌지만 다시 일어섰으며, 결국 자신만의 답을 찾아냈습니다. 그리고 그 과정에서 얻은 통찰을 독자들과 나누고 있습니다.

이 책은 단순한 자기 계발서가 아닙니다. 삶의 의미를 묻고, 고민하고, 성장해 나가는 한 인간의 치열한 기록입니다. 아픈 과거를 가진 분들에게는 위로가 될 것이고, 지금 삶이 버겁고 막막한 분들에게는 나아갈 방향을 제시해 줄 것입니다.

어두운 밤하늘 속에서 가장 빛나는 별이 있듯이, 이 책이 누군가에게 작은 희망이 되길 바랍니다. 저자가 걸어온 길이, 이 책을 읽는 독자 여러분께도 새로운 가능성을 열어줄 것이라 믿습니다.

• **김관성** (낮은담교회 담임목사)

한 사람의 인생을 이렇게 생생하게 읽어본 적이 있던가? 저자는 진솔하고 담백한 어투로 자신의 아픔과 도전, 그리고 용기에 대해 이야기한다. 이 책을 읽으면서 마음이 아프면서 동시에 가슴이 뜨거워지는 무언가를 느꼈다. 마치 한 편의 소설을 읽는 느낌도 들었다. 당신의 삶에도 위로가 필요한가? 삶에 용기가 필요한가? 이 책을 꼭 읽어보길 바란다. 이 책이 당신의 삶을 따뜻하게 안아줄 것이다.

• 부아C (작가)

글을 읽는 동안 몇 번이나 웃고, 또 울었습니다. 아니, 정확히 말하면 눈에는 눈물이 고였고, 입가에는 미소가 번졌습니다. 누구나 심각하게 받아들일 법한 사건들이 마치 드라마 '응답하라' 시리즈나 '소년시대' 같은 감성으로 풀어져 있었기 때문입니다. 그렇습니다. 저자는 바로 그런 사람입니다. 하얀 이를 드러내며 환하게 웃고, 어벙하게 껄껄 웃으며 상대의 긴장을 풀어주다가도, 어느 순간 조용히 위로의 손길을 내미는 사람입니다.

보통 사람이라면 당연히 받아야 할 돌봄과 보호에서 제외된 채 살아가는 고통. 이런 아픔이 때로는 독기를 만들고, 성공 스토리를 만들어내기도 합니다. 그것도 충분히 가치 있는 일입니다. 하지만 저자는 따뜻할 수 없는 환경 속에서도 따뜻한 사람입니다. 도저히 그럴 수 없는 상황에서도, 그는 따뜻함을 잃지 않습니다. 도대체 어떤 변수가 그를 세상의 차디찬 광풍 속에서도 이토록 특별한 신소재 인간으로 빚어냈을까 궁금합니다.

구약성경 에스더서를 보면, 단 한차례도 하나님의 이름이 언급되지 않습니다. 그러나 그 안의 모든 사건과 흐름에는 하나님의 자비와 공의가 씨줄과 날줄처럼 엮여 있습니다. 저자의 삶 또한 그렇습니다. 겉으로 보기에는 우연과 고난의 연속 같지만, 그 구석구석에는 하나님의 온기가 깃들어 있습니다. 놀랍게도, 저자가 도망쳤던 장소들―오락실, PC방, 독서실, 친구 집, 할머니 집―그곳에 오히려 그의 삶을 붙잡아 준 소망이 피어나 있었습니다. 주어진 생을 당연하게 여기지 않고 소망을 꿈꾸는 마음이 그 장소들에서 싹텄습니다. 세상을 원망하며 자기 삶을 비관할 법도 한데, 그는 PC방에서 세계 1등을 했고, 독서실에서 서울대를 향해 나아갔으니까요.

저자의 삶은 그 자체로 하나의 선물처럼 느껴집니다. 그는 고난을 온몸으로 흡수해 전혀 새로운 형태의 삶으로 빚어낸 증인이며, 어떤 인생도 결코 망하는 법이 없다는 것을 증명하는 버팀목입니다. 덕분에 제 안에도 소망이 가득 차오릅니다. 이 책을 읽는 모든 분들에게도 큰 위로와 용기가 전해지기를 바랍니다. 무엇보다, 인생과 소망이라는 단어가 새롭게 정의되고 어떤 상황에서도 따뜻함을 잃지 않는 힘을 얻기 바랍니다.

• 우성균 (행신침례교회 담임목사)

삶에 대한 진솔한 고백이 돋보이는 책이다. 어린 시절부터 이어진 온갖 어려움 속에서도 끝내 희망을 놓지 않았던 저자의 여정이 마음을 울린다. 담담한 고백과 치열한 하루하루가 쌓여 이루어진 삶의 기록은 독자로 하여금 함께 울고, 분노하고, 끝내 응원하게 만든다. 결코 쉽지 않았을 길을 묵묵히 걸어낸 저자에게 깊은 존경을 보낸다. 이 책이 지금 어려운 시간을 견디고 있을 누군가에게 따뜻한 위로와 값진 용기로 다가갈 것을 믿는다.

• **정지우** (변호사, 작가, ≪사람을 남기는 사람≫ 저자)

프롤로그

언제부터였을까?
내 인생이 평범하지 않다고 느낀 게

  나는 할머니와 같이 살게 된 6살 때부터 눈만 뜨면 조용히 집 밖으로 나가 모두의 시야에서 사라졌다. 눈을 뜨는 시간은 주로 6시 30분 정도였는데, 아마 지금은 아이들이 나갈 수 있는 마땅한 장소가 없을 것이다. 그러나 문을 두드리는 자에게 문이 열린다고 하지 않았던가? 가장 창의적이라는 어린 시절 나는 어느 슈퍼마켓 바깥쪽에 설치된 오락기를 발견했다. 그 슈퍼마켓은 내가 눈을 뜨기 전인 새벽 일찍부터 문을 열었고, 오락기는 고장 나지 않은 멀쩡한 상태였다. 오락 한 판에 20원.

아침 6시. 나는 눈을 뜨자마자 할머니의 돈주머니에서 20원을 꺼내 그 슈퍼마켓으로 달려갔다. 주인공이 기차 칸을 옮겨가며 악당을 무찌르는 내용이었던 것 같다. 나는 순식간에 게임의 주인공과 동기화되었다. 주인공인 나는 착한 놈, 나 빼고 전부 다 나쁜 놈이었다. 무슨 짓을 꾸미는지, 누구를 해쳤는지 영어로 적혀있어 전혀 알 수는 없었지만 그놈들이 전부 나쁜 놈들인 건 확실했다. 착한 놈인 나는 한 걸음 한 걸음 신중하게 걸어가 나쁜 놈들을 향해 총을 쏘았다. 나쁜 놈들은 총알 한 방에 한 놈씩 나가떨어졌다. 그러나 수적으로 절대 열세였던 나는 10분을 버티기도 힘들었다.

매일 아침마다 나는 다시 처음부터 시작했다. 시간이 지날수록 나쁜 놈들의 얼굴, 공격의 특성, 등장하는 타이밍이 익숙해졌다. 저절로 외워졌다. 나의 손과 발(?) 또한 반사적으로 움직였다. 그러던 어느 날 나는 드디어 해법들을 스스로 발견하게 되었다. 위험으로부터 탈출하는 방법을 익힌 것이다. 이제 착한 놈은 10분이 아니라 30분이 지나도 쉽게 죽지 않게 되었다. 찐따였던 주인공은 이제 영웅이 되었다.

프롤로그

어린 손자가 잘못될까 걱정하신 할머니는 결국 못 참으시고 그 슈퍼마켓으로 찾아가 이렇게 따지셨다.

"어떻게 아침 6시부터 오락기가 바깥에 있어요?"

그 이후로 나는 그 슈퍼마켓에 가지 못했다. 나의 가장 친한 친구였던 착한 놈과도 더 이상 만나지 못했다. 참 멋진 녀석이었는데. 지금도 그 오락의 한 장면이 머릿속을 스쳐 지나간다. 초등학교 입학 전의 기억은 늘 여기서 끝난다. 다른 기억은 아무리 생각해 봐도 잘 생각나지 않는다.

깊은 밑바닥에 붙어있던 아주 작은 기억조각 몇 개만 잠시 떠오르다가 다시 가라앉는다. 엄마에게 잘못해서 혼났던 장면. 엄마 옆에서 잠들었던 장면. 그리고 엄마와 이별하던 장면. 색깔도 음성도 없는 무미건조한 장면이다. 참 이상하게도 나는 아무리 생각해 봐도 다섯 살 때까지는 기억이 잘 나지 않는다.

어렸을 때는 세상 모든 아이들이 다 나처럼 사는 줄 알았다. 내가 정상인 줄 알았다. 지금 생각하면 다행스러울

정도로 나는 정신연령이 낮았고, 무식했다.

언제부터였을까? 내 인생이 평범하지 않다고 느낀 게. 갑자기 어릴 적 모습이 궁금해진 나는 사진을 찾기 시작했다. 앨범을 꺼내 처음부터 끝까지 살펴보았다. '없다'. 서랍을 다 뒤져보았다. '없다'. 한 가지 이상한 점이 있었다. 사진이 없는 사람은 나뿐만이 아니었다. 내가 태어난 82년부터 86년까지의 5년 동안 찍힌 가족사진은 단 한 장도 없었다. 어느 날 나는 정말 큰 용기를 내어 아버지에게 여쭤보았다.

"아버지, 왜 저는 어릴 적 사진이 한 장도 없어요?"

"내가 전부 다 불태워버렸어."

"왜요?"

"……"

"……"

"네 엄마 얼굴을 보기 싫어서"

솔직히 그때는 이해할 수 없었다. 이혼을 하면 원래 그런 건가? 그 사람의 모든 사진, 그 사람이 나온 사진, 그 사람과 관련된 가족의 사진까지 다 불태워 버려야 하는 건가? 도저히 받아들일 수 없었다. 나의 존재 자체가 부정당한 기분이었다. 언젠가 아버지와 함께 옥상에 올라가 단둘이 있었던 적이 있었다. 그때 아버지는 좀 우울해 보였다. 왠지 나에게 불똥이 튈 것만 같았다. 역시나 안 좋은 예감은 틀리는 경우가 없다.

"너를 보면 내가 힘들어."

"……"

"네가 네 엄마를 닮아서."

"……"

'가정폭력을 휘두르는 아빠 때문에 내가 더 힘들어요. 엄마를 닮은 게 내 잘못은 아니잖아요.'라고 말해주고 싶었다. 그러나 너무 무서워서 감히 말을 꺼내지 못했다. 이 상황에서 내가 할 수 있는 일은 무엇일까? 나는 곰곰이 생각해 보았던 것 같다. 지금 같았으면 진지하게 성형수술에 대해 고민했을지도 모른다. 그러나 그 당시는 성형수술이라는 게 대중화되기 전이었다. 최근에는 성형수술을 더 나은 외모를 위한 투자라고 생각하지만, 내가 어렸을 적의 성형수술은 교통사고, 화재 등으로 얼굴과 몸을 크게 다친 사람이 생존을 위해 복구하는 치료였다.

아버지가 볼 때 나는 분명 쓸 데 없는 인간임이 분명했다. 아니 태어나지 말았어야 할 존재가 아니었을까? 그러니까 아버지는 나를 볼 때마다 훈육이라는 핑계로 나를 때리는 게 아닐까?라는 생각이 들었다. 불행하게도 나는 점점 나 자신의 존재를 부정하고 싶어 했다.

9살의 어느 봄날, 나는 우연히 TV에서 일본 사무라이 영화를 보았다. 그 영화에서 가장 기억에 남는 장면은 할복이었다. 앞머리는 대머리이고, 뒷머리는 포니테일인 한 사무라이가 자신의 잘못을 책임지기 위해 긴 칼로 자신의 배를 찌르고, 베었다. 그 순간 나는 처음으로 자살에 대해 생각하게 되었다.

"어린이는 따라 하지 마세요."라는 자막이 그 장면 밑에 깔려있었다면 그러지 않았을까? 나는 대낮에 부엌에 들어갔다가 큰 식칼을 발견했다. 그리고 조심스럽게 오른손으로 그 식칼을 들어서 내 아랫배 쪽에 대어보았다. 마치 사무라이가 할복하듯이. 하지만 도저히 따라 할 자신이 없었다. 순간적으로 너무 무서웠다. 손에 힘이 들어가지 않아 칼을 놓칠 뻔했다. 집 안에서 할머니의 목소리가 들렸다. 나는 아무 일 없었다는 듯이 칼을 내려놓고 다시 오락실로 향했다. 나는 그저 조용히 숨만 쉬며 살다가 어느 순간 소리 소문도 없이 사라져버리고 싶었다.

문득 정신 차려보니 나는 고통의 끝이 보이지 않는 악순환 열차에 타고 있었다. 아버지, 할머니와 함께(똑똑하신 어머니는 중간에 하차하셨다).

과연 나는 어떻게 해야 행복한 선순환 열차, 아니 그나마 정상적인 열차로 갈아탈 수 있을까?

도저히 방법이 없어 보였다. 나의 미래는 이미 정해져 있는 것 같았다.

주위 사람들도, 가족들도, 심지어 나 자신도 나란 인간을 불쌍하게 그리고 하찮게 쳐다보았다.

프롤로그

목차

추천사 ● 6
프롤로그 ● 12

Part 1 고통의 끝이 보이지 않을 때 ● 23

간절하다고 다 되는 것은 아니다 ● 24
오락실, 나의 작은 천국 ● 30
죽을 수도 있고, 바보가 될 수도 있습니다 ● 36
하나님, 저 공부 잘하게 해주세요 ● 46
나는 생일 파티를 한 기억이 없다 ● 54
R=VD 때문에 죽을 뻔하다 ● 61
내게는 꿈같은 장소, 독서실 ● 78
내 인생의 터닝포인트, 우정 ● 87
공부를 포기하다 ● 100
게임 중독 그리고 세계 1위 ● 105
군대는 나의 피난처 ● 114
시간아 멈춰라 ● 128

신이 내게 주신 선물, 희망 ● 135

Part 2 목적이 이끄는 삶 ● 145

새로운 꿈, 그리고 데미안 ● 146

공부 많이 하다 죽은 사람은 없다면서요? ● 156

수학만 18시간 공부하다 ● 164

노력은 절대 배신하지 않는다 ● 173

수능 한 달 전, 공황장애가 오다 ● 186

서울대 합격 ● 196

축하받지 못할 합격 ● 211

에필로그 ● 216

Part 1

고통의 끝이 보이지 않을 때

Part 1의 제목은 아래 도서의 제목을 인용하였다.
장두만, 『고통의 끝이 보이지 않을 때』, 도서출판 그나라, 2005.

간절하다고
다 되는 것은
아니다

/

내가 기도라는 것을 알게 된 이후부터 늘 하게 되는 기도가 있다.

"하나님 제발 우리 가족이 화목하게 해주세요."

솔직히 화목이라는 말이 무슨 뜻인지도 잘 몰랐다. 한 번도 화목한 가정에서 살아본 적이 없기 때문이다. 그냥 무작정 기도했다. 기도하면 1~2년 안에 하나님께서 들어주실 거라 생각했다. 아버지가 집에 계신 날이면 하루하루가 너무 길게 느껴졌기에, 내게 1~2년은 충분히 변화가 일어날 수 있는 긴 시간이었다. 솔직히 그 이상은 힘들어서 견딜 수 없을 것만 같았다.

그런데 지금 생각해 보면 이 기도는 정말 허무맹랑한 기도였다. 이 기도가 이루어지기 위해서는 정말 신의 자비와 기적이 필요했다. 가족 구성원들 중 아무도 화목한 가정을 경험하지 못했기 때문이다. 적어도 평범함 가정은 되어야겠다는 목표 정도는 있었어야 했는데, 힘들고 어려운 형편 때문인지 하루하루 먹고살기에 급급했던 것 같다.

명절 때처럼 가족들이 다 함께 모이는 날에는 평소 내가 듣지 못했던 옛날이야기가 나올 때가 있다. 예를 들어, 할아버지 이야기. 나는 할머니와 오랜 세월을 함께했지만, 할머니는 할아버지 이야기를 제대로 해주신 적이 한 번도 없는 것 같다. 내 기억에, 할아버지 얼굴은 흑백사진으로밖에 본 적이 없다. 할아버지는 내가 태어나기 전에 돌아가셨기 때문이다. 사진으로만 봐서는 얼굴도 잘 생기신 것 같고, 키도 작지 않아 보인다. 멋진 분 같다.

그러나 어른들이 말하는 할아버지의 모습은 전혀 예상

밖이었다. 할아버지는 항상 비정상적이었다. 할아버지는 처자식을 두고 바람을 피우셨다. 두 집 살림을 차리셨다. 언젠가 두 집 가운데 한 집을 선택해야 하는 때가 왔나 보다. 그 결정적인 순간에 할아버지는 피도 눈물도 없이 비정해졌다. 아내와 어린 자식들을 남겨둔 채 집을 완전히 떠나버린 것이다.

할머니는 6.25전쟁 전에 서울의 한 공장에서 일하셨다고 한다. 6.25전쟁 때 대구로 피난길을 떠나셨는데, 한번은 남한과 북한의 군인이 총격전하는 현장을 목격한 적도 있다고 말씀해 주셨다. 내가 할머니께 들은 옛날이야기 중에 가장 재밌었던 에피소드였다.

대구 내당동에 정착하신 할머니는 방앗간 일을 하셨다. 남편 없이 홀로 자녀를 키우셨으니 얼마나 힘드셨을까? 물론 지금 생각하면 아쉬운 점이 있다. 할머니가 아버지를 편애하신 점. 자녀 교육에 좀 더 투자하지 않으신 점. 그러나 할머니에겐 이 모든 단점들을 다 덮을 만큼 더 큰 장점이 있었다. 바로 남다른 근면성실함과 긍정적인 태도, 이웃들에게 항상 따뜻하게 베푸시는 넉넉한 마음.

할머니의 자비로운 마음씨를 가장 잘 알고 계셨던 분은 바로 남편인 할아버지였다. 할아버지는 본인이 죽을 병에 걸렸을 때 할머니 곁으로 돌아오셨다. 작은 아내와 그 아내로부터 낳은 자식들까지 다 함께 데리고 집으로 돌아오셨다. 할머니는 자기 가족뿐만 아니라 원수까지도 사랑하셨다. 방앗간 일을 하시면서 그들을 부양하셨다.

절대로 화목한 가정일 수가 없었다. 가족 구성원들 모두가 상처를 받았을 것이다. 그러나 크게 내색하지 않았다. 그저 하루하루 본인에게 맡겨진 일에 집중함으로 어려움을 지혜롭게 잘 극복해냈다. 우리 집안에서 오직 한 명, 본인이 부모 때문에 고통받은 피해자임을 주장하는 사람이 있었는데, 바로 우리 아버지였다.

아버지는 나에게 여러 번 할아버지 이야기를 했다. 항상 같은 이야기였다.

"할아버지가 집에 돌아오셨을 때, 난 라디오로 머리를 내리쳐 죽여 버리고 싶었어."

아버지에게 할아버지는 애증의 대상이었던 것 같다.

아버지는 할아버지에게 귀여움을 많이 받던 아들이었다. 그런데 사랑하는 부모에게서 버림받았던 것이다. 그것은 그 무엇으로도 지울 수 없는 큰 상처가 되었으리라. 아마 아버지는 자신의 슬픔과 고통을 치유하는 해결책으로 '살인'까지 상상하게 된 건 아닐까?

나중에 할머니께 들은 이야기인데, 아버지는 죽고 싶어서 도로 가운데 서 있었던 적도 있다고 했다. 할아버지를 못 죽인 아버지는 스스로를 죽여 이 힘든 세상을 떠나고 싶으셨던 것 같다. 임계점을 넘어선 스트레스, 고등학교 생활도 적응하지 못해 중퇴하셨다.

지금 생각해 보면 아버지의 간절함 꿈은 화목한 가정이었던 것 같다. 그러나 아버지는 화목한 가정에 대한 경험과 지식이 없었기에 어떻게 준비해야 하는지를 몰랐다. 아버지는 어른이 되어서도 할머니에게는 그저 응석받이 아들이었다. 아버지는 불행하게도 어른이 되는 훈련과 스스로를 책임지는 연습을 하지 못한 채 남편이 되었고, 나를 낳아 아빠가 되었다.

이후에 아버지는 두 번의 결혼을 더 하셨고, 두 명의

아들을 더 낳으셨다.

   그리고 아버지는 술에 중독되셨고, 유흥비로 할머니의 재산을 탕진하였다..

   결국에 아버지는 난치성 조현병 환자가 되셨고, 할머니는 치매환자가 되셨다.

오락실,
나의
작은 천국

/

  3.7 오락실에서 나는 친구들보다 더 행복했다. 하늘이 무너져도 솟아날 구멍은 있다. 나에게 그 구멍은 3.7 오락실이었다. 난 오락실 이름부터가 마음에 들었다. 어릴 때부터 행운의 숫자는 3과 7이라고 익히 들어왔기 때문이다. 3.7 오락실은 1989년에 생긴 오락실인데, 집에서 전속력으로 뛰면 1분 만에 갈 수 있는 거리에 있었다. 오락기는 대략 30대 정도 있었으며, 일반 가정집의 거실과 방을 개조한 오락실이었다. 40세 정도로 되어 보이는 주인아저씨는 항상 장판이 깔려있는 따뜻한 방에 앉아 TV를 보고 계시다가, 손님이 오면 돈을 바꿔주시거나 기계

가 고장 나면 직접 납땜질을 하여 고치기도 하셨다.

그 당시 학교와 학원 그리고 집 주위에 오락실이 우후죽순 생겨났다. 학교 옆 오락실은 등교 시간 전인 8시부터 문을 열었고, 주택가에 있는 오락실은 저녁 8시가 넘어서까지 문을 닫지 않았다. 그 당시 오락실은 유치원생부터 초등학생, 중학생, 고등학생, 어른까지 다양한 세대로 구성된 생태계가 형성되었다. 이 특이한 생태계에는 늘 고인물들이 있었는데, 내가 그 고인물 중 한 명이었다.

3.7 오락실이 생겼을 때 갑자기 오락실 요금이 인상되었다. 분명히 한 판에 오십 원이었는데, 갑자기 백 원으로 100% 인상된 것이다. 황당하게도 사람들은 서울에서 88올림픽이 열려서 오락실 요금이 올랐다고 말했다. 나는 이렇게 생각했다.

'도대체 서울올림픽이랑 오락실이 무슨 상관인데 요금을 올리는 거야?'

나는 그때부터 백 원으로 더 오랫동안 놀 수 있는 방법을 찾기 시작했다. 예를 들어 원더보이 같은 게임을 시작해서 마지막 단계의 최종 보스까지 클리어하는 것이다. 나의 실력이 상승함에 따라 무슨 게임을 해도 30분 이상은 할 수 있게 되었다. 백 원으로 가장 장시간 할 수 있는 게임은 원더보이였는데 1시간 30분까지도 시간을 때울 수 있었다. 최종 보스를 클리어해도 더 높은 난이도로 처음부터 다시 시작할 수 있었기 때문이었다. 할머니는 그 이야기를 듣고 혀를 내둘렀다. 그리고 주위 사람들에게 자랑하셨다. 나는 이상하게 기분이 좋고, 뿌듯했다.

집은 나에게 천사 같은 할머니와 함께 먹고 자는 천국임과 동시에 악마 같은 아버지가 오시는 날에는 무조건 혼나고 맞아야 하는 지옥이었다. 매일의 일상은 거의 기억나지 않지만, 아버지에게 맞았던 날들은 뇌리에 박혀 기억에 오래 남았다.

그래서일까? 언젠가부터 나는 집에 머물러 있기를 싫어했다. 친구가 있든 없든, 돈이 있든 없든 항상 바깥으로 나가 놀았다. 돈도 없고, 친구도 없을 때 갈 수 있는 가장 만만한 장소는 언제나 3.7 오락실이었다.

왜냐하면 오락실은 나에게 무조건 행복한 장소였기 때문이다. 할머니는 내가 오락실에 가는 것을 못마땅하게 여기지 않으셨다. 지금 생각하면 할머니는 오락실을 안전한 어린이집이라고 생각하신 것 같다. 방앗간 일을 하시느라 손자를 돌볼 여력이 없었던 할머니에게 오락실은 오히려 고마운 장소가 아니었을까 싶다. 왜냐하면 오락실은 항상 나를 무료로 케어해주며, 언제든지 나를 데리러 올 수 있는 장소였기 때문이다.

그러나 내 친구들의 엄마는 오락실을 극도로 싫어하셨다. '오락실에 가면 공부를 못한다. 오락실에 가면 나쁜 친구를 사귀게 된다. 오락실에 가면 큰 인물이 못 된다.' 등등 오락실에 대해 험담하시며 친구들에게 절대 오락실에 가지 말라고, 오락실 다니는 친구와 놀지 말라고 몇 번이나 강조하시곤 했다.

오락을 하다 보면 가끔씩 친구의 엄마가 갑자기 화난 얼굴로 오락실로 들어오시는 장면을 목격할 때가 있다. 그때마다 친구들은 신난 얼굴로 오락에 빠져 있다. 친구 엄마는 "어휴" 하고 한숨 쉬시며 친구의 귀를 있는 힘껏 잡아당기신다. 친구는 오락실 안에 자신의 신음 소리를 남긴 채 엄마 손에 끌려 나갔다. 아, 불쌍한 내 친구.

오락실에서 가장 오랜 시간을 보내는 게 나이다 보니 실력 또한 내가 뛰어났다. 아마 초등학교 졸업 전에 일만시간의 법칙을 달성했으리라. 용호의 권, 스트리트 파이터, 킹 오브 파이터즈, 철권 같은 일대일 대결 격투 게임이 나올 때마다 나는 항상 최상위 포식자였다.

  누구든 게임을 하고 있을 때, 내가 돈을 넣고 도전을 하면 반응은 세 가지였다. 즐기거나, 싫어하거나, 나를 때리거나. 첫 번째로, 즐기는 사람은 대체로 돈이 많은 청년들이었다. 큰 형님들은 동전을 천 원씩 쌓아놓고 날 이길 때까지 계속 도전했다. 나중에는 맞을까 봐 겁나서 져주어야만 했다. 두 번째로, 싫어하는 사람은 돈도 없고 실력도 없는 또래 친구들이었다. 그 친구들은 나에게 패배한 후, 오랫동안 내 뒤에 서서 내 플레이를 구경하곤 했다. 세 번째로, 날 때리는 사람은 성격이 사나운 친구 또는 형이었다. 사실 이런 경우는 몇 번 없었다. 가장 기억에 남는 사람은 동네 청년이었는데 나에게 스트리트 파이터 게임을 패배했다. 그때 저녁 8시 30분 경이라 오락실에는 그 형과 나 말고는 아무도 없었다. 그 형은 집에 가려다 말고 나의 옆구리를 걷어찼고, 나는 날아갔다.

그래도 나는 오락실에 가는 것이, 오락실에 있는 동안이 행복했다. 어디에서도 받을 수 없었던 인정을 받을 수 있는 유일한 장소였기 때문이다. 게다가 오락실 사장님은 가끔 나에게 백 원을 주셨다. 내가 돈이 없어 보일 때. 그분도 내가 단골임을 아셨던 것이다. 나중에 간이 커진 나는 오락실 사장님에게 먼저 찾아가서 이런 말을 하였다.

"저, 백 원만 주세요."

죽을 수도 있고, 바보가 될 수도 있습니다

/

 나는 시멘트 바닥에 뒤통수를 처박고 기절했다. 내 기억은 동네 친구 동생과 함께 잠긴 문 아래로 기어들어가는 그 지점에서 멈추었다. 문이 잠긴 공사장에 기어들어간 기억은 있는데 떨어진 기억은 없다. 언제, 어떻게 떨어졌는지 기억이 나지 않는다. 다만 추측할 뿐이다.
 눈을 떴을 때 나는 차가운 시멘트 바닥에 누워있었다. 캄캄한 밤하늘이 보였다. 날씨는 춥지도 덥지도 않은 딱 좋은 날씨였다. 3학년 1학기 초 즈음이었을 것이다. 한 가지 이상한 점이 있었다. 밤하늘의 별이 빙글빙글 돌고 있었다. 하늘이 회전하고 있었다. 갑자기 집에 돌아가야 한다는 생각이 스치듯 들었다.

'여긴 어디지?'

주위를 둘러보니 공사장이었다. 옆집 창문에 불이 켜져 있었는데, 온 가족이 같이 TV를 보고 있을 것만 같았다. 그제야 할머니 생각이 났다. 할머니께서 잠드셨을 때 나는 몰래 집 밖으로 놀러나갔던 것이다. 할머니는 아직도 주무시고 계실 것이다. 내가 여기 누워있는 걸 누가 알까? 아무 생각도 나지 않았다.

"도와주세요!"

소리치고 싶었지만, 내성적인 나는 아무 소리도 내지 못했다. 오히려 옆집 사람들에게 방해가 될까 봐 최대한 조용히 일어섰다. 일어서자 세상이 빙빙 돌고, 땅이 울렁거리기 시작했다. 2미터 정도 되는 담을 타고 올라가야 하는데 쉽지 않았다. 몇 번을 도전해 보았지만 너무 어지러워서 움직일 수가 없었다. 너무 졸렸다. 나는 아까 내가 누워있었던 그 자리에 다시 누웠다. TV 소리와 웃음소리가 멀리서 들려왔다. 갑자기 잠이 쏟아졌다. 나는 다시 잠이 들었다.

"일섭아! 일섭아!"

멀리서 울부짖는 소리가 들린다. 누군가 굉장히 빠른 속도로 달려오면서 내 이름을 부르고 있다. 오직 단 한 명밖에 생각나지 않는다. 우리 할머니. 할머니의 소리를 듣고 동네 사람들이 몰려왔다. 누군가 나를 업고 우리 집까지 뛰었다. 사람들이 많아지자 내성적인 나는 부끄러워졌다. 얼른 이 상황에서 벗어나고 싶었다. 상황을 종료시키고, 사람들을 다 집으로 돌려보내고 싶었다. 무엇보다 나는 너무 졸렸다.

"할매, 내 잠 온데이. 내 좀 자께."

"섭아, 안 된데이. 자면 안 된데이."

한 번도 손자를 때린 적이 없는 할머니께서 내 뺨을 후려치셨다. 따끔했다. 아프지는 않았다. 나는 이 상황이 도저히 이해가 안 되었다. 난 너무 자고 싶은데 왜 못 자게 하는 거지? 할머니의 노력에도 불구하고 난 또다시 잠이 들었다.

문득 정신이 들었을 때, 나는 소변줄을 한 채 한독병원 응급실 침대에 누워있었다. 무슨 검사를 했는데 내 뒤통수 두개골에 금이 갔다고 했다. 나는 계속 토했다. 내가 토하는 모습을 본 의사선생님의 표정이 심각하게 굳어졌다. 의사선생님은 가족들에게 다가와 인사를 했다. 나는 가만히 누워서 의사선생님과 사람들이 하는 말을 듣고 있었다.

"두개골에 금이 갔는데, 다행히 파편이 혈관을 찌르지는 않았습니다."

"죄송하지만, 저희 병원에서 할 수 있는 건 아무것도 없습니다."

"죽을 수도 있고, 바보가 될 수도 있습니다."

아마 어른들의 표정은 완전히 굳어버렸을 것이다. 할머니와 아버지는 내가 병원에 있는 내내 차가운 바닥에 무릎 꿇고 기도했다고 한다. 내가 살 수 있었던 이유는 나를 위해 매일 새벽 하나님께 드려진 할머니의 기도 그리고 아버지의 서원 기도 때문이었다고 확신한다. 절박해진 아버지는 나를 살려만 주시면 목사를 시키겠노라 서원하셨다고 한다. 그래서 내가 신학교까지 가게 된 건 아닐까? 생각해 본 적도 있다.

나는 내가 죽을 수도 있다는 말을 듣고 전혀 두려워하지 않았다. 정확히 말하면, 아무 생각이 없었다. '죽음'이 무엇인지 몰랐기 때문이다. 그렇다고 재미없는 인생 후딱 죽어버렸으면 좋겠다라고도 생각하지 않았다. 그냥 아무 생각이 없었던 것 같다.

바보가 될 수도 있다는 말을 듣고서 전혀 슬퍼하지도 않았다. 솔직하게 말하면, 바보가 된다 한들 지금 상태와 큰 차이가 있을까라고 생각했다. 의사선생님이 말한 그 '바보'가 어떤 의미인지 전혀 이해하지 못했던 것이다. 나는 그저 주위 사람들의 반응을 보며 이상하다고만 생각했다.

뒤통수가 깨진 나를 받아주는 병원은 한 군데도 없었다. 할머니는 할 수 없이 나를 집에 최대한 가까운 요양원에 입원시켰다. 독방이었는데 장판이 깔려 있고, TV가 한 대 있었다. 마치 여관방 같은 느낌이었다. 요양원에서 내가 해야 할 일은 하루에 한 번 링거를 맞는 것 밖에 없었다. 한 통을 다 맞는데 1시간 30분 정도가 걸렸다. 자세를 잘못 잡으면, 피가 역류해서 올라가는 신기한 장면도 볼 수 있었다. 실제로 '역류 현상'을 가지고 놀기도 했다.

하루 세 끼 밥 먹는 시간, 링거 맞는 시간을 제외한 나머지 시간은 완전히 자유였다. 처음 일주일간은 방안에 가만히 앉아 있었다. 할머니가 점심시간에 잠시 면회를 오셨다. 군것질거리를 사기 위해 같이 슈퍼마켓으로 걸어가는 길에 금은방에 전시된 손목시계를 발견했다.

"할매, 내 이거 사 도."

할머니는 정말 아무 말씀도 하지 않으시고, 곧바로 금은방에 들어가셔서 6천 원짜리 손목시계를 사주셨다. 내 인생 최초의 손목시계는 미키마우스 모양의 전자시계였다. 나는 이런 할머니의 호의에 깜짝 놀랐다. 진짜 사주실 줄은 몰랐다. '내가 이런 걸 받아도 되나?'라는 생각이 들었다. 지금 생각해 보면 할머니의 마음이 이해가 된다. 엄마도 없이 사는 불쌍한 손자가 죽을 수도 있고, 바보가 될 수도 있다는데 그깟 손목시계가 뭐 대수랴?

호의가 계속되면 권리인 줄 안다. 내가 딱 그랬다. 나는 더 나아가 할머니에게 비싼 만 원짜리 게임기를 사달라고 졸랐다. 결국 할머니는 병실에 혼자 있는 내가 안쓰러워 세 가지 팩을 끼울 수 있는 휴대용 게임기를 사주셨다.

주말이 되자, 동네 친구들이 놀러 왔다. 친구들은 살아 있는 게들이 서로 싸우는 장면을 봤다고 흥분해서 자랑했다. 그리고 교회 주일학교 선생님이 오셨다. 선생님은 나를 위해 기도해 주셨다. 어른들은 모두 나를 안쓰러워 하는 표정이었는데, 사실 나는 요양원이 천국같이 좋았다. 천국이 있다면 이런 곳이 아닐까? 나는 그 어느 때보다 행복했다.

요양 기간이 점점 늘어날수록 나는 점점 대담해졌다. 옆방에서 누워계시는 아저씨방에 놀러 가서 같이 족발을 먹기도 하고, 혼자 요양원 바깥으로 빠져나가 횡단보도 맞은편에 있는 오락실에 가기도 했다. 하루는 혼자 오락실에서 다른 사람의 플레이를 구경하고 있는데 할머니께

서 나를 데리러 오셨다. 나는 깜짝 놀랐다. '어떻게 내가 여기 있는지 아신거지?'

내가 얼마나 오랜 기간 동안 요양을 했는지 기억나지는 않는다. 아마 2주 아니면 3주가량 되었을 것 같다. 공사장 추락 사고 후 나는 처음으로 집에 와서 잤다. 푹신하고 시원한 이불 위에 누우니 비로소 집에 온 것 같았다. 할머니와 아버지는 여전히 나를 걱정하셨다.

"학교에 바로 안 가도 돼. 한 일주일만 더 쉴래?"

"네."

그렇게 나는 일주일을 더 놀게 되었다. 내색하진 않았지만 기분이 너무 좋았다. 나는 아침 일찍 일어나서 친구들이 등교하는 모습을 지켜보았다. 그러다 오락실 문이 열리자마자 들어갔다. 그리고 친구들이 하교할 때 바깥에 나와 또 친구들이 가방을 메고 신발주머니를 앞뒤로 흔드는 모습을 가만히 서서 관찰하였다. 그런 나의 모습을 본 몇몇 친구들은 억울해하고, 화를 냈다.

"왜 멀쩡한 애가 학교를 안 나와!"

나중에 들은 이야기인데, 그 친구들은 우리 반 담임선생님께 고자질까지 했다. 일주일 후 나는 학교로 돌아갔고, 다행히 죽지도 않았고, 바보가 되지도 않았다. 시간이 흐르자, 모두들 그 추락 사고의 부작용으로 내가 천재가 되었다고 말한다. 언젠가 내 아들 녀석은 자기도 머리를 다치면 아빠처럼 똑똑해질 수 있냐고 진지하게 질문했다.

그러나 정말 그때의 사고로 나의 뇌는 손상되었고, 아직도 볼록한 혹이 있다. 두개골에 금이 간 자리에는 머리카락이 나지 않아 땜빵이 생겼다. 손상된 뇌의 정확한 위치는 뒤통수엽과 소뇌이다. 뒤통수엽을 다쳐 나의 시력은 0.2가 되었고, 심한 난시가 되었다. 밤에 하늘을 보면 달이 30개로 보일 정도이다. 소뇌를 다쳐서 균형감각이 떨어졌고, 근육의 정밀한 운동능력이 저하되었다. 그래서 나는 여전히 눈이 나쁘고, 운동을 못하며, 자전거는 대학생이 다 되어서야 익힐 수 있었다.

p.s. 추락 사건의 유일한 목격자인 친구 동생은 내가 죽은 줄 알고 무서워서 우리 집에 곧바로 알리지 않았다.

대신에 동네 친구가 동생에게 이 소식을 듣자마자 우리 집으로 달려갔다고 한다. 나의 사고 소식을 할머니께 전해준 이름 모를 동네 친구에게 감사하다는 말을 꼭 전하고 싶다.

하나님,
저 공부 잘하게
해주세요

/

"넌 잘 하는 게 뭐니?"

초등학교 때 어른들은 나에게 이런 질문을 종종 하셨다. 그럴 때마다 나는 아무 대답도 못 했다. "잘 하는 건 오락이고, 못 하는 건 공부와 운동입니다!"라고 자신 있게 씩씩한 목소리로 대답했다면 얼마나 좋았을까? 안타깝게도 나는 고등학교 때까지 말을 잘 못하는 아이였다. 친구들이 나에게 어떤 질문을 해도 나의 대답은 늘 "몰라" 딱 두 글자로 끝나곤 했다.

지금 생각해 보면 친구들은 말 못 하는 나를 보며 '조금 모자란 아이구나. 불쌍하다.'라고 생각하며 나에게 친절을 베풀어준 것 같다. 그러나 간혹 직설적인 어른들을 만날 때도 있었는데, 그 어른들은 내가 무엇을 잘 하는지 하나라도 꼭 알아내고야 말겠다는 일념으로 내게 질문 폭탄을 퍼부었다.

한번은 동네 피아노 학원에서 다 같이 수영장을 간 적이 있다(동네 피아노 학원이 한참 유행할 때 할머니가 3개월간 보내주셨다. 두 손이 앞발 수준인 나는 3개월 내내 오른손만 연습했다). 수영장에 가서 옷을 벗고, 수영복으로 갈아입었다. 상의는 그대로 노출된 상태였다. 수영을 하기 전에 한 선생님이 나를 유심히 쳐다보았다. 내 어깨에 푸르스름한 멍 자국이 크게 번져있었기 때문이다(아버지는 빗자루로 때릴 때면, 빗자루가 부러질 때까지 어깨를 내리치셨다). 그것은 나에게 일상이었기에 나는 전혀 대수롭게 생각하지 않았다. 정말 이상하다고 생각조차 못 했다. 나는 집에 갈 때까지 아무 일 없다는 듯이 놀았다. 그 어느 누구도 그 멍에 대해 말을 꺼내지 않았다. 그러나 집에 갈 때쯤 같이 온 20대 형들 몇 명이 나에게 다가와 질문을 던졌다.

"넌 잘 하는 게 뭐니?"

"몰라요."

"너 공부 잘하니?"

"아니요."

"너 운동 잘하니?"

"아니요."

"너 싸움 잘 하니?"

"아니요."

"너 피아노 잘 치니?"

"아니요."

"넌 잘 하는 게 하나도 없구나.
어떻게 그럴 수가 있지?"

  그 형들은 나를 한심하다는 듯이 쳐다보았다. 그리고 나의 미래에 대해 걱정하는 것 같았다. 쳇, 자기들의 미래나 신경 쓰시지. 그날부터 '넌 뭘 잘 하니?'라는 그들의 말과 나의 미래를 걱정한 그 눈빛은 나에게 불안감을 안겨주었다. 나는 스스로를 장점이 없는 무가치한 인간이라고 생각했다. 왠지 인정할 수밖에 없었다.

내가 공부를 못한다는 사실을 처음 인지한 것은 초등학교 1학년 때부터였다. 학교에서 받아쓰기 시험을 치면 10문제 중 2개를 맞혔다. 20점이었다. 받아쓰기, 반대말 쓰기 시험문제 가운데 아직까지도 기억에 남는 문제가 하나씩 있다.

'나비가 훨훨 난다.'
나는 이 문제의 답을 이렇게 썼다.
'나비가 헐헐 난다.'
'전쟁'의 반대말을 쓰세요.
'안 전쟁'.

아버지는 내가 초등학생이 되었을 때 새로운 여자친구가 있었다. 하지만 내가 만나게 된 두 번째 어머니는 다른 아주머니였다. 아마 미용실을 하셨던 걸로 기억한다. 아버지와 새어머니는 할머니 집과 멀리 떨어진 곳에 신혼살림을 차리셨다. 나는 한동안 아버지를 만나지 못했다. 나는 전혀 섭섭하지 않았다. 한 번도 아버지를 그리워하면서 눈물을 흘려본 적이 없다. 아버지께 죄송하지만, 첫 번째 어머니의 모습을 상상하면서 슬퍼한 적은 있었다.

할머니는 한글을 읽으실 수는 있지만, 한글을 잘 쓰지는 못하셨다. 가끔씩 할머니가 나를 부르시면서 검은색 매직 펜과 두꺼운 골판지를 주실 때가 있었다.

"일섭아 내가 부르는 거 좀 적어봐레이."

"할매가 적으면 되잖아."

"할매는 잘 못 적는다아이가. 니가 좀 해도고."

"아…알았데이."

나는 아직 한글도 못 적는 할머니를 이해하지 못했다. 나는 자신만만한 표정과 손짓으로 할머니께서 불러주시는 것들을 열심히 받아 적었다. 할머니는 한글도 적을 줄 아는 똑똑한 손자를 장하다고 칭찬해 주셨다. 용돈으로 이백 원도 주셨다. 나는 부리나케 또 오락실로 뛰어갔다.

할머니는 나에게 공부 좀 하라고 말씀하신 적이 정말 단 한 번도 없다. 숙제를 안 해도 아무 말씀도 안 하셨다. 심지어 학교 가기 싫은 날 내가 "할매, 오늘 학교 안 가는 날이다."라고 말하면, 할머니는 늘 이렇게 대답하셨다.

"그렇나. 그럼 좀 더 자라."

그때는 참 행복했었는데, 지금 생각하면 좀 안타까운 부분이 있다. 가장 속상한 것은 집에 책이 없었다는 사실이다. 어린이가 읽을만한 책이 집에 거의 없었던 것 같다. 그래서 나는 가끔씩 학교에서 독후감 숙제가 나오면 정말로 난감했다. 도대체 어떻게 글을 읽고 내용과 느낌을 써야 하는지 몰라 정말 답답했다. 다른 친구들에 비해 정말 나는 바보인 것 같았다.

언젠가 피할 수 없는 독후감 숙제가 또 생겼다. 나는 정말 용기를 내어 내 평생 처음이자 마지막으로 아버지께 여쭤보았다.

"아버지, 이순신 장군 위인전을 읽고 독후감을 써야 해요. 좀 가르쳐 주세요."

"책 갖고 온나."

(책 맨 뒷장을 펼치시며)

"이거 보고 그대로 베끼라."

그 순간 나는 감동했다. 아버지가 처음으로 멋져 보였다. 신세계를 만난 것이다. '난 이제 더 이상 독후감을 두려워하지 않아도 된다.'라고 생각했다. 그러나 맨 뒷장을 보고 따라 적으면서 의문이 생겼다. 뭔가 좀 이상한 것 같았다. 대충 이런 느낌이다.

1592. 5. 7 - 목포해전
1592. 5. 29 - 당포해전
1592. 7. 8 - 한산도대첩
1597. 9. 16 - 명량대첩
1598. 11. 19 - 노량해전

아빠 말씀대로 독후감을 적어 제출했지만, 그 후로 아버지에게 공부 질문은 하지 않았다. 아버지는 학습 내용, 공부법에 대해 잘 모르셨다. 그러나 아들을 혼내야 한다, 매로 엄하게 다스려야 한다는 신념은 확고하셨다. 본인이 할머니에게 매를 안 맞았기 때문에 인생이 망가졌다고 생각하셨기 때문이다.

그래서 나는 아버지와 함께 있는 날이면 거의 매일 저

녁 매를 맞았다. 청소할 때는 빗자루로 부러질 때까지 맞았다. 안동 민속촌으로 여행 간 수학여행 날 저녁에는 아버지 선물로 드린 곰방대로 맞았다(곰방대는 안 부러진다. 겁나 아프다). 책을 볼 때 페이지 넘기는 소리가 너무 크다고 쫓겨난 적도 있고, 정리 정돈을 안 했다고 책상 서랍 안의 모든 물건(돈도 포함)과 함께 나도 집 바깥에 내다 버려진 적도 있다. 공부를 못해서 맞은 적은 셀 수도 없이 많을 것이다. 두 번째 어머니와 이혼하신 후로는 더 심해졌다.

그때부터 나는 매일 식사 기도 때마다 하나님께 이렇게 기도드렸다.

"하나님, 저 공부 잘하게 해주세요."

나는
생일 파티를 한
기억이 없다

/

 난 어릴 때 생일파티를 한 기억이 없다. 그 사실을 알고 있는 아내는 내가 마흔이 되었을 때 생일 축하 서프라이즈를 나에게 선사했다. 두 아이들이 케이크를 가리고 있다가 옆으로 물러섰을 때의 그 장면은 마치 사진으로 찍은 것처럼 뇌리에 박혀있다. 나는 마치 물에 빠진 것 같은 충격을 받아 눈물도 나오지 않았다.

 그 서프라이즈 생일파티는 감동이 아니라 낯선 충격이었다. 평소 나는 둔해서 '놀라움'과 '특별함'이 내게 다가와도 무심히 흘려보내는 편이다. 그러나 그날은 달랐다. 내 안에서 무언가가, 아니 누군가가 꿈틀거리는 것이 느껴졌다.

  이게 무슨 기분일까? 나는 내 심리 상태를 좀 더 심층적으로 알아보기로 했다. 왜냐하면 매년 아들의 생일 케이크에 불을 붙일 때에도 기쁨과 동시에 내 안에서 무언가를 느꼈기 때문이다. 이 느낌은 분명 '생일'과 관련이 있다. 내 머릿속에서 '생일'을 검색해 보았다. 아무것도 찾을 수가 없다.

  내 기억에서 '생일'이라는 폴더가 '숨김' 처리되어 있었다. 어릴 적에 생일파티를 한 번도 안 했다니. 그건 아무리 생각해도 말이 안 되었다. 비교적 기억이 선명한 고등학교 2학년 때부터의 기억을 훑어보았다. 아무리 생각해도 가족과 함께 한 생일파티는 기억나지 않았다. 고등학교 2학년 이후 단짝 친구인 용이와 통화하면서 추억을 되살려보았다. 놀랍게도 1999년 1월 교회 고등부 예배 시간에 불 켜진 케이크를 들고 내 앞으로 다가오는 용이의 모습이 떠올랐다. 이 장면도 내 머릿속에는 연속사진처럼 찰칵찰칵 찍혀있었다.

  이번에는 중학교 1학년 때부터 고등학교 2학년 때까지의 기간을 조심스레 꺼내보았다. 중학교 1학년 때부터의 기억을 떠올려보면 흐릿하게 식탁 위 케이크가 보인다. 분명히 나는 저 케이크를 먹었을 텐데, 이상하게도 그 장면은 내 생일이 아닌 것 같다. 내 머릿속 생일 케이크는 언제나 날 위한 것이 아니라 내 동생 제이를 위한 것이었다.

케이크가 놓여 있는 집은 우리 집이 아니라 제이네 집이었다. 제이는 내가 중학교 1학년 때 태어났다. 그 당시 아버지, 어머니, 제이가 사는 집과 할머니와 내가 사는 집은 분리되어 있었다. 서로 연결되는 문이 없었다. 그리고 공교롭게도 나의 생일은 1월 10일, 제이의 생일은 1월 11일이었다. 나와 동생의 나이 차이는 무려 12살. 동생이 태어난 날 나는 본능적으로 느낄 수 있었다.

'나는 이제 찬밥 신세다.'

찬밥 신세가 된 중학교 이후의 내가 나 자신의 정신을 우울증으로부터 스스로 보호하기 위해 망각이라는 프로그램을 가동시킨 건 아닐까? 분명히 세 번째 어머니가 우리 집에 아버지와 처음 오신 그날부터 일 년 정도는 희미하지만 행복한 추억으로 남아있다. 좀 더 객관적인 판단을 위해 그 일 년 동안에 무슨 일들이 있었는지를 확인해 볼 필요가 있었다. 나는 일기장이 있나 찾아보았다. 나는 다행히 그 기간 동안의 일들이 기록된 '안나의 일기' 일기장을 발견할 수 있었다.

일기장은 세 번째 어머니가 사주신 첫 번째 선물이었다. 나는 감사하는 마음으로 매일 일기를 썼다. 일기장에는 아버지와 세 번째 어머니는 6학년 내 생일날에 신혼여행 중이셨고, 1월 13일에 사촌들을 초대해 생일파티를 열어주신 걸로 적혀있었다. 그날의 일기장을 보면, 6학년의 나는 이렇게 표현했다.

'어머니께서 나에게 잘 대해주셨다.'

아마 나는 이렇게 생각했을 것이다. '새어머니가 나에게 왜 이렇게 잘 대해주지? 이상하다. 하지만 매우 기분 좋다.'

그런데 왜 나는 이 행복했던 생일파티를 30년 동안이나 잊고 살았을까? 이 좋은 기억을 떠올리지 못하고 생일날마다 슬퍼했을까? 아마도 그 다음 해인 중학교 1학년 때부터 받은 상처와 아픔 때문일 것이다.

나의 기분 좋은 상태는 제이가 태어나기 전부터 서서히 깨지기 시작했다. 동생이 태어나자 나는 예전으로 되돌아간 것만 같았다. 중학교 1학년 때 내 생일날, 세 번째 어머니는 출산을 위해 조산원에 계셨고, 언제나처럼 내 생일은 그냥 지나갔다. 중학교 2학년 때 내 생일날은 동생 제이의 돌 잔칫날이었다.

행복했던 생일날의 추억은 양날의 검과 같았다. 그 다음 해부터 그 양날 검은 세 번째 어머니가 내게 잘 대해주셨던 만큼 깊게 내 마음을 찔렀다. 이렇게 아픈 기억들을 매년 떠올려야만 한다면, 그것은 지옥일 것이다. 이 모든 상처와 아픔을 잊고 그저 바보처럼 행복해지길 바라는 것은 나의 욕심일까? 그건 욕심이 아니다. 당연한 인간의 보호 본능이다. 내게 망각은 향정신성 마약과 같았다. 망각은 내 고통을 잊게 만들어주었다.

만약 인간의 기억이 늘 정확해야만 한다면, 인간에게 컴퓨터 같은 기억 능력이 주어진다면 있다면 어떨까? 호르헤 루이스 보르헤스는 그의 단편소설 『기억의 천재 푸네스』에서 이 주제를 다루고 있다.

푸네스는 말을 타다가 떨어진다. 그런데 낙마의 부작

용으로 그의 뇌는 과흥분되어 결코 잊지 않는 뇌가 되었다. '기억 천재'가 된 푸네스는 한 번 읽은 책은 시간이 흘러도 그대로 암송할 수 있었으며, 아무리 어려운 외국어도 며칠 만에 습득할 수 있었다. 아마 학생들이라면 누구나 이런 뇌를 갖고 싶어 하고, 푸네스를 부러워할 것이다.

  그러나 푸네스는 이 컴퓨터 같은 기억력 때문에 정신적 혼란을 겪게 된다. 고통스러운 상처, 슬픈 기억 또한 잊혀지지 않고, 조그만 단서에도 연쇄적으로 모든 것이 또렷하게 그날처럼 기억났기 때문이다. 기억의 홍수로 인해 그는 사색할 수 없었고, 경험들을 일반화하여 삶의 의미를 찾아낼 수 없었다. 나무 한 그루 한 그루가 고화질로 크게 보이기 때문에 그는 숲을 볼 수가 없었던 것이다. 결국 푸네스는 기억할 것이 아무것도 없는 어둡고 고요한 방에 스스로를 평생 가두게 된다.

  위 소설을 통해 알 수 있듯이 망각은 나에게 아픈 경험을 내려놓고, 새로운 행복을 추구할 수 있도록 만들어 주었다. 6학년 때의 생일 파티를 기억했다면 어린 시절과 중학교 이후의 슬픈 생일들이 모두 연쇄적으로 떠올라 나는 고통의 감옥에 갇혔을 것이다. 나를 보호해 준 '망각'에게 감사하다고 말하고 싶다. 그런데 나의 망각은 '생일' 폴더에 제한되지 않았다. 나의 거의 모든 기억은 마치 임시 기억 장치처럼 금방 잊혀진다. 그래서 나는 장기 기억력은 나쁘지만, 단기 기억력은 남들보다 좋다. 혹시 이것이 내가 공부를 잘하게 된 이유가 아닐까?

R=VD 때문에 죽을 뻔하다

/

 이지성 작가의 꿈꾸는 다락방을 읽었다. 그는 R=VD라는 공식을 소개했다. 풀어서 쓰면 Realization = Vivid Dream이다. 생생하게 꿈을 꾸면 언젠가 현실로 이루어진다는 뜻이다. 이지성 작가는 이 책에서 수많은 부자들의 일화를 예로 들며, 독자들에게 자신이 성공한 부자가 된 모습을 꿈꾸라고 말한다. 그리고 심지어 불륜 같은 부정적인 꿈도 생생하게 꾸면 이루어진다고 말한다.

 나는 'R=VD' 공식 그 자체보다는 'D'가 선한 방향성으로 흘러가는 것이 더 중요하다고 생각한다. 어린 시절의 아버지를 떠올리자 문득 R=VD라는 공식이 무서워졌다. 아버지가 내게 했던 수많은 말들, 수많은 행동들은 R=VD라는 공식을 철저하게 지키고 있었기 때문이다. 아버지의 생각과 꿈은 항상 생생했다. 너무나도 생생한 천연색이었다. 문제는 그 꿈이 부정적이고 기괴하다는 데 있었다.

D를 뜻하는 Dream이 나와 다른 사람들에게 피해를 줄 수 있는 위험한 꿈이라면 R=VD는 세상에 어떤 영향을 줄 것인가? 게다가 한 명이 아니라 수많은 사람들이 부정적인 꿈이 실현되는 꿈을 매일 30분 이상 생생하게 꾼다면 우리의 미래는 어떻게 될까? 분명 '죽거나 미치거나'일 것이다.

나는 정말 아버지의 R=VD 때문에 죽을 것만 같았다. 실제로 내 목숨이 끊어져 죽을 뻔한 적도 있었고, 정신적으로 미쳐 죽어버릴 것만 같은 적도 있었다. 만약 애당초 아버지의 목적이 '죽거나 혹은 미치거나'였다면 아버지의 꿈은 실현된 것이다. 아버지의 세계관 안에서 아버지는 성공하신 것이다. 나는 아버지를 통해 누군가의 Realization=Vivid Dream이 다른 누군가에게는 Realization=Very Dangerous가 될 수 있음을 깨달았다.

내가 경험한 아버지의 R=VD(Really=Very Distressed) 몇 가지를 소개하고자 한다.

#1st R=VD
수영하는 모습을 상상하라.
이미 수영하고 있는 나를 발견할 것이다.

딱 한 번 아버지와 배를 탄 적이 있다. 지금 생각하면 제주도로 가는 배가 아니어서 다행이었다. 정확한 나이와 장소는 기억이 나지 않는다. 아마 그때 난 초등학생이었던 것 같다. 이 또한 망각의 영향일까? 아니다. 오히려 망각이라기보다는 그 당시에 받은 충격으로 인해 도파민과 노르에피네프린이 과다 방출되었을 것이다. 그래서 과거를 잘 기억하지 못하는 내가 아직도 이 장면만은 잊지 못하고 있는 것이다.

아버지는 나를 강가로 데려갔다. 아버지는 거기서 친구를 만났고, 나는 아버지와 함께 작은 배에 올랐다. 3미터 남짓한 배는 강의 물살을 따라 천천히 움직였다. 얼마 전 비가 와서인지 강물은 약간 불어나 있었다. 깊이가 2

미터는 넘는 것 같았고, 흙탕물처럼 약간 갈색을 띠었다.

생전 처음 타는 배라서 나는 약간 흥분했었던 것 같다. 신기하고 재미있었다. 그런데 갑자기 아버지께서 '수영'에 관련된 말씀을 하시기 시작했다. 특히 수영을 배우는 방법에 대해 친구와 이야기하셨다. 그때만 해도 나는 아무런 낌새도 채지 못했다. 아버지께서 이 말씀을 하시기 전까지.

"수영은 이런 데서 배워야 해."

"깊은 강물에 들어가면 수영을 못하는 사람도 저절로 수영을 배우게 될 거야."

그 배 위에서 수영을 못하는 사람은 오직 한 명밖에 없는 것 같았다. 불행하게도 그 사람은 바로 나였다. 그때부터 나는 강물이 무서워지기 시작했다. 나는 수영을 안 배워도 괜찮다고 말했다. 그럼에도 불구하고 아버지는 무서워하는 나를 붙잡아 강물 위로 던지셨다. 나는 깊은 강물 속으로 들어갔지만, 그곳에서 나는 수영을 배우는 대신 죽음을 배웠다. 나는 조금씩 더 깊은 강물 속으로 가라앉았고, 살기 위해 가는 팔을 허우적거렸다. 그 이후에 내가 어떻게 강물 밖을 나왔는지는 전혀 기억나지 않는다.

#2nd R=VD.
행운은 나의 편이다.
미래를 위해 과감히 베팅하라.

'삼성겜보이'를 아는가? 1991년 출시된 게임기인데 당시 초등학생들에게 선풍적인 인기였다. 게임팩을 꽂으면 수십, 수백 가지의 게임을 골라서 할 수 있는 게임기였다. 더 이상 오락실에 가지 않고 집에서 편하게 게임할 수 있다는 장점, 친구들을 초대해 즐거운 시간을 보낼 수 있다는 장점이 이 겜보이의 매력이었다.

꽤 비싼 가격이었던 걸로 기억된다. 어떤 사람들은 11만 9천 원에 샀다고 하는데, 내가 기억하는 겜보이의 가격은 8만 5천 원이다. 중고였거나 짝퉁이었을 가능성이 높다. 오락실 마니아였던 나는 5학년 때부터 할머니를 조르기 시작했다. 2년 전 뒤통수가 깨졌을 때처럼.

할머니는 불량 청소년이 득실거리는 오락실에 손자를

더 이상 보내고 싶지 않아서, 그리고 오락실에 갖다 바치는 돈이 아까워서, 무엇보다도 손자가 매일매일 조르고 졸라서 결국 젬보이를 사주겠다 약속하셨다. 나는 그때부터 젬보이가 내 손에 들어올 그날만 하루하루 손꼽아 기다렸다.

돈을 준비하신 할머니는 그 돈을 아버지에게 주시면서 젬보이를 사 오라고 말씀하셨다. 아버지는 돈을 주머니에 넣고, 나를 부르셨다. 아버지와 나는 함께 전자제품 매장으로 출발했다. 꿈에 그리던 게임기를 이제 곧 갖게 될 거란 생각에 나는 가슴이 두근거렸다.

그러나 아버지의 계획은 따로 있었다. 동상이몽이었다. 아버지는 날 데리고 아버지의 친구네 집에 놀러 갔다. 그날은 마치 다들 약속이라도 한 것처럼 아버지의 친구 서너 명과 가족들이 다 한자리에 모여 있었다. 아버지와 친구들은 자리를 깔고 앉아 고스톱을 쳤다. 한 가정의 가장인 그들은 아내와 자녀들을 내팽개치고 몇 시간 동안 카드 게임에 집중했다. 자리에는 만 원짜리, 오천 원짜리, 천 원짜리 지폐가 곳곳마다 깔려있었고, 재떨이가 놓여 있었다. 재떨이 안에서 담배꽁초들도 동창회를 하는 것만 같았다.

지금 생각하면 참 기가 찬 상황이다. 자녀들 앞에서 대놓고 도박질이라니. 그러나 순진했던 나는 앞으로 어떤 일이 닥칠지 전혀 예상하지 못하고 있었다. 기다리기 지루해 보조바퀴가 달린 자전거를 타고 동네를 한 바퀴 돌았다. 보조바퀴 덕분이었지만 자전거를 못 타는 내가 자전거를 타고 달리는 모습이 굉장히 멋있어 보였고, 스스로 자랑스러웠다.

뜨거운 여름날 오후 3시 즈음이었던 것 같다. 분지에 위치한 대구의 주택가는 뜨거운 열기가 고여 마치 녹아내릴 것만 같았다. 한 아저씨께서 나오시더니 놀고 있는 아이들을 데리고 가까운 슈퍼마켓으로 가셨다. 아저씨는 아이스크림을 열 개 넘게 사 오셨다. 나한테도 하나 주셨다. 더운 날 아이스크림은 꿀맛이었다. '이게 웬 떡이냐? 횡재다.'라고 생각하며 순식간에 아이스크림 하나를 뚝딱 해치워버렸다. 아이스크림 사 주신 저 아저씨가 나오셨으니 이제 아버지도 카드게임을 끝내고 나오실 것이다. 나는 다시 기대하기 시작했다. 어두워지기 전에 얼른 가서 사면 된다. 그 이름도 잊을 수 없는 '삼성 슈퍼겜보이'를.

아버지께서 드디어 나오셨다. 나는 산책을 가고 싶은 강아지처럼 아버지를 빤히 쳐다보았다. 아버지는 왠지 내게 미안한 표정을 지으셨다. 내가 한 번도 본 적이 없는 표정이었다. 그전에도 그리고 그 후에도. 아버지는 내게 이렇게 말씀하셨다.

"미안하다. 내가 돈을 다 잃었어."

그렇게 아버지와 나는 쓸쓸히 집으로 돌아갔다. 그 후에 내가 어떻게 겜보이를 가지게 되었는지, 어떻게 갑자기 겜보이가 사라지게 되었는지는 전혀 기억나지 않는다. 다만 나는 이 '겜보이사건'을 통해 도박은 나쁜 것이라는 것을 뼈저리게 느꼈다. 행운을 바라며 불확실한 미래에 베팅하지 말고, 현재를 즐기는 동시에 현재에 투자해야 한다는 것을 배웠다. 내게 '겜보이사건'은 '카르페 디엠'이다.

#3rd R=VD.
나는 하나님과 직접 대화하는 사람이다.

성경책에서 맨 앞에 나오는 창세기를 읽어보면 아들을 제물로 바치는 아버지 아브라함이 나온다. 하나님은 아기를 가질 수 없는 몸이었던 아브라함과 사라에게 아기를 약속하셨고, 100세가 된 아브라함은 드디어 아들 이삭을 얻게 된다. 그러나 기쁨도 잠시. 하나님은 아브라함에게 아들 이삭을 제물로 바치라고 명령하신다. 아브라함은 이 믿음의 시험을 통과하게 되고, 오늘날 믿음의 조상이라 불리고 있다(하나님은 결코 이삭을 죽이지 않으셨다. 대신 번제할 어린 양을 예비해두셨다).

중학교 1학년 때인 걸로 기억한다. 어른이 드리는 교회 예배 때 위에서 설명한 '아들 이삭을 번제 제물로 바치는 아버지 아브라함' 이야기가 나온 모양이다. 나는 그날 저녁도 아버지에게 혼이 나서 집 바깥에 구겨져서 앉아있었다.

갑자기 아버지는 이렇게 말씀하셨다.

"나도 그렇게 할 수밖에 없다."

"뭐가요?"

"하나님께서 내게 아들을 바치라고 명령하신다면"

"……"

그 옆에서 세 번째 어머니가 맞장구를 쳤다.

"나도 남편의 뜻에 순종할 수밖에 없어."

아버지는 본인 스스로를 영적으로 특별한 사람이라고 인식하셨다. 내가 고등학생이 되었을 때 아버지는 조현병이 심해져 환각, 환청 등의 증상을 겪게 되셨다. 하나님과 직접 대화하는 수준까지 오르게 되신 것이다. 아버지가 이상한 말을 하시는 것은 어느 정도 이해할 수 있었다.

그러나 세 번째 어머니는 믿음 생활을 열심히 하려고 노력하시는 평범한 가정주부였다. 그런데도 세 번째 어머니는 아버지의 저 기괴하고 야만적인 말에 동의했다. 나는 속으로 기겁했다. 순간적으로 소름이 돋치면서 이 사람들이 무서워졌다. '아버지가 마음만 먹으면 나를 죽일 수 있겠구나'라는 생각이 들었고, 세 번째 어머니도 결국 아버지와 한패라고 단정 짓는 결정적인 계기가 되었다.

성경 말씀은 말씀으로 해석해야 한다. 좀 더 최근에 쓰여진 명확한 말씀을 토대로 옛날에 쓰여진 모호한 말씀을 이해해야 한다. 아버지처럼 특정 구절에 대한 주관적인 해석을 공식화하고, 비정상적인 해석을 남에게 강요한다면, 그것은 순종이 아니라 폭력에 불과하다.

#4th R=VD.
너는 내 아들이 아니다. 나는 오늘 너를 죽인다.

나는 고등학교 3학년이 되어서도 공부에 집중하지 못했다. 할머니의 집은 아버지의 빚으로 인해 은행에 넘어갔다. 갈 곳이 없어진 우리 가족은 갑자기 낯선 곳으로 이사해야만 했다. 세 번째 어머니는 내가 고3이 되었다고 특별히 신경 써주셨다. 아침에 일찍 일어나서 아침밥을 준비해 주셨고, 차비도 더 많이 챙겨주셨다.

그러나 우리의 평범한 일상은 몇 개월도 가지 못했다. 형편이 어려워진 우리는 더 허름하고 작은 집으로 또 이사 가야만 했다. 이사 간 지 얼마 되지 않아 아버지는 조현병이 심해졌다. 결국 세 번째 어머니는 견디지 못하고 집을 나가셨다.

할머니는 아직 예전에 살던 집에 계셨다. 아버지는 정신병원에 입원하셨다. 어머니는 동생과 함께 집을 떠났다. 고3인 나는 '나 혼자 산다'를 찍었다. 내가 다닌 대구고등학교의 아침 등교 시간은 공포의 6시 50분이었다. 7시에 등교하는 아이들은 엎드려서 매를 다섯 대씩 맞았다.

집에 나 혼자 남게 되자 모든 것이 불규칙해졌다. 밥도 안 먹게 되고, 잠도 안 자게 되었다. 나는 근처 책방에서 만화책을 빌려 보다가 잠들곤 했다. 당연히 일찍 일어날 수 없었다. 8시가 넘어 일어난 나는 매일 지각을 밥 먹듯이 했다. 담임선생님은 나에게 '무슨 일이 있냐?'라고 걱정스러운 목소리로 물으셨는데, 나는 선생님 앞에서 눈물을 보이고 말았다. 선생님은 밥을 사 먹으라며 내게 만

원을 주셨다.

나는 어릴 때부터 항상 '비상사태'를 대비해 안경집에 비상금을 보관해왔다. 다행히 그 비상금 몇 만 원이 2주간의 기간 동안 나의 식비와 차비를 책임져주었다. 당시 칠순이 되신 할머니에게는 그 어떤 부담도 드리고 싶지 않았다. 그래서 할머니에게는 그 기간 동안 일부러 찾아가지 않았다. 지금 생각해도 잘 한 것 같다.

다행히 어머니가 집에 돌아오셨다. 아버지도 집에 돌아오셨다. 그러나 집안의 분위기는 항상 심상치 않았다. 더운 여름날 오후 나는 가벼운 티셔츠 한 장에 팬티 차림으로 내 방 책상에 앉아있었다. 그런데 갑자기 문이 스르르 열리더니 아버지가 들어오셨다. 한 손에는 식칼이 들려있었다. 나는 화들짝 놀라 일어섰다. 아버지의 얼굴 표정을 보니 정상 상태가 아닌 것 같았다. 아버지는 내게 이렇게 말씀하셨다.

"니는 내 아들이 아니다. 내 오늘 니를 죽인다."

사면초가. 나는 세 개의 벽과 칼을 들고 문 앞을 지키는 아버지에게 둘러싸여 있었다. 지금 다시 똑같은 상황이 발생한다면 나는 아버지께 책을 던지고, 의자를 던지고, 책상을 들어 올려 칼을 막으려 했을 것이다.

그러나 그 당시 나는 아무 생각도 나지 않았다. 몸이 굳어 움직일 수 없었다. 그저 가만히 서서 아버지의 눈을 쳐다보았다. 아버지가 상상하는 현실은 아주 위험함을 제대로 경험한 하루였다.

#5th R=VD.
자녀는 때려야 잘 된다.

내가 세 번째 어머니께 가장 감사드리는 일은 바로 '윤선생 영어교실'을 허락해 주신 일이다. 초등학교 6학년 1학기 어느 날, 교문 앞에 웬 아저씨들이 테이블에 영어책을 펼쳐놓고 앉아계셨다. 아이들은 집에 가다가 그 아저씨들에게 들러 맛있는 사탕을 받아 갔고, 아저씨는 아이들에게 광고지를 건네주며 이렇게 말했다.

"엄마한테 꼭 갖다 드려~"

순진한 나는 무슨 내용인 줄도 모른 채 곧이곧대로 집

에 가져가 세 번째 어머니에게 드렸다. 마침 할머니, 아버지, 어머니가 저녁식사를 위해 한 방에 모여 있었다. 할머니는 무슨 내용인지 모르겠다는 눈치셨다. 아버지 또한 별로 관심이 없었다. 아버지는 내게 돈 들어가는 걸 좋아하시지 않았다. 세 번째 어머니는 내게 꼭 필요한 공부라고 말씀하시며 할머니와 어머니를 설득하셨다. 감사합니다. 어머니.

신혼이었으므로 할머니와 아버지는 세 번째 어머니의 의견을 반대하시지 못했다. 그렇게 얼떨결에 나는 '윤선생 영어교실'을 시작하게 되었다. 5만 원이라는 적지 않은 돈이었지만, 할머니는 일 년 4개월 동안이나 내주셨다. 감사합니다. 할머니.

우리 집안 형편에서 5만 원은 큰돈이었다. 나는 정말 열심히 영어 공부를 했다. 일 년간의 노력은 중학교에 올라가자마자 결실을 맺었다. 내가 다닌 심인중학교는 1학년 1학기 초에 1학년 전교생을 대상으로 영어단어평가시험을 실시했다. 시험문제는 총 50문제였다. 영어 스펠링을 적는 문제가 25문제, 한글로 뜻을 적는 문제가 25문제였다.

아이들은 '불규칙 복수'에 관련된 문제를 어려워했다.

다음과 같은 단어들이다.

mouse(단수) - mice(복수)
knife(단수) - knives(복수)
tooth(단수) - teeth(복수)
child(단수) - children(복수)

거의 다 맞힌 아이들도 mouse의 복수형으로 mouses로 적어 틀렸다. 우리 반 50명의 학생 중에 만점자는 딱 한 명이었는데, 그건 바로 나였다. 학급 스피커에서는 만점자에게 특별히 제작한 상장을 수여한다는 방송이 흘러나왔다. 담임선생님께 상장을 받을 때, 나는 무척 자랑스러웠다. 평생 처음 받아보는 상장이었다.

그날 나는 평소와 다른 당당한 걸음걸이로 집에 들어갔다. 저녁식사를 마친 후, 아버지께 조심스럽게 상장을 보여드렸다. 지금 생각하면 아버지는 무슨 일로 화가 나셨었나 보다. 어쩌면 나와 관련된 일일지도 모르겠다. 아버지는 평소 '자식은 때려야 잘 된다'라고 생각하셨는데, 자식이 교만해질까 봐 걱정하신 것은 아닐까? 아무튼, 이유는 알 수 없지만, 아버지는 상장을 보며 이렇게 말씀하셨다.

"뭐, 쓸 데 없이 이런 걸 잘 해."

"……"

"매 가져와."

나는 그날 저녁 아버지에게 매를 맞고, 집에서 또 쫓겨났다. 나는 상장을 쓰레기통에 버렸다. 내 인생 최고의 날은 그렇게 최악의 날로 바뀌었다.

내게는 꿈같은 장소, 독서실

/

 중학생이 된 나는 여전히 공부도 못하고, 운동도 못하고, 싸움도 못하고, 말도 못 하고, 돈도 없는 찌질이였다. 지금 생각해 보면 충분히 왕따와 괴롭힘을 당할 수도 있었을 것 같다. 그러나 위험한 상황이 닥칠 때마다 할머니의 친구 손자인 동네 형(사고 쳐서 중학교 자퇴 후 재입학했다), 같은 반이었던 착한 초등학교 동창이 날 구해주었다. 지금 생각하면 내게 참 고마운 사람들이다.

 동정심에 가끔 날 도와주는 사람은 있었지만, 슬프게도 날마다 이야기를 주고받을 베스트 프렌드는 없었다. 베스트 프렌드는 학창 시절에 사회성과 인격 발달 그리고 성적에까지 큰 영향을 미친다. 불행하게도 나는 그런 발달이 제때에 이루어지지 않았다. 매일같이 집, 학교, 오락실만 혼자서 들락날락했기 때문이다.

그 당시를 회상할 때마다 이런 생각이 들었다.

'날 이해해 주고 이끌어줄 수 있는 카운슬러가 있었다면 얼마나 좋았을까?'

난 항상 자녀는 부모가 없어도 잘 클 수 있다고 생각했다. 그러나 결혼하고 아들을 낳으면서 깨달았다. 나는 너무 부족한 아빠라는 것을. 그리고 나 같이 부족한 부모라도 자녀에게는 꼭 필요한 존재라는 것을. 그 누구도 부모의 역할을 대신해 줄 수 없으며, 부모의 부재는 자녀가 어른이 되어서까지 나쁜 영향을 미친다. 당신이 만약 전도유망한 운동선수라면 트레이너도 없고, 코치도 없는 팀에 들어가겠는가? 아닐 것이다. 다른 조건이 안 좋더라도 훌륭한 코치와 트레이너가 있는 팀에 들어가길 원할 것이다. 어떤 롤 모델을 만나느냐에 따라 그 사람의 인생이 정해진다고 해도 과언이 아니기 때문이다.

불행하게도 나는 트레이너, 코치가 없는 운동선수와 같았다. 내 주위에는 속 시원히 고민을 털어놓을 수 있는 카운슬러가 한 명도 없었다. 국가는 나 같은 학생들을 위해 학교를 세우고 의무교육제도를 만들었다. 나는 분명히 공교육의 은혜를 입었다. 학교에 큰돈을 낸 것도 아닌데, 각 분야의 요약집을 나눠주는 것도 모자라 각 분야의 전문가를 매일 모셔와 강의를 듣게 해주었다.

중학교 1학년 담임선생님은 호랑이 같은 여선생님이셨다. 대략 40세 전후였을 것이다. 선생님은 1학기 때 성적이 떨어졌다고 나를 열 대 넘게 때리셨다. 선생님은 그 직전 시험 보다 전교 등수가 확연하게 떨어진 사람은 다 '엎드려뻗쳐'를 시켰고, 그 상태에서 매를 때리셨다. 그 매는 마치 각목 같은 몽둥이였다.

사실 나는 맞는 것이 억울하거나 두렵지 않았다. 그 이유는 다음과 같았다.

1. 선생님은 매일 때리지 않는다.
2. 선생님은 아무 이유 없이 때리지 않는다.
3. 선생님은 학교를 벗어나면 더 이상 볼 일이 없다.

4. 선생님에게서 학생의 미래를 진정으로 걱정하는 마음이 느껴진다.

중1 담임선생님은 수학 선생님이셨다. 선생님은 자기 반 학생들이 수학을 못 하는 것을 도저히 용납하지 못하셨다. 그래서 선생님은 자기 반 학생들이 조금이라도 수학을 더 공부하도록 꼭 식목일, 어린이날 같은 공휴일 다음 날이면 수학시험을 치게 하셨다. 중간고사, 기말고사 이런 게 아니다. 오직 1학년 6반을 위한 '학력평가 시험'이었다. 심지어 옆 반인 7반 기술 선생님께 부탁해 '기술시험'까지 치게 하셨다. 나는 사실 이 부분에서 선생님의 열정과 진정성을 느낄 수 있었다. 선생님은 호랑이처럼 무서운 분이셨지만, 속마음은 따뜻한 분이라고 나는 생각했다.

그렇다고 해서 선생님께 매 맞았던 것이 기분 좋았다는 말은 아니다. 이유가 어찌 되었든 맞는 것은 기분 나쁘고 싫다. 나는 이제 선생님께 칭찬을 받고 싶었다. 선생님께서 노력하시는 만큼, 나도 보답하고 싶었다. 공부를 잘하면 모든 것이 다 해결된다. 그것은 나의 오랜 기도 제목이기도 했다. 그러나 어떻게 공부해야 할지 전혀 갈피를 못 잡고 있었다.

우연히 한 친구의 도움으로 나는 해결책을 찾게 되었다. 어느 일요일에 평소와 다름없이 교회를 다녀온 후 할 일이 없어 친구들을 따라다녔다. 그런데 그날은 정말 특이한 날이었다. 평소 공부에 전혀 관심이 없던 한 친구가 두류도서관에 가자고 말하는 것이 아니겠는가? 우유부단한 나는 아무 생각 없이 친구가 가는 곳에 따라가겠다고 말했다. 그 친구는 도서관은 천 원만 있으면 들어갈 수 있으며, 책도 많고, 공부할 수 있는 책상도 많다고 말했다.

그런데 문제는 엉뚱한 곳에서 발생했다. 아무도 두류도서관이 어디에 위치하며, 어떻게 가야 하는지 몰랐던 것이다. 그 당시는 인터넷이 발달하지 않았고, 스마트폰이 없던 시절이라 금세 정보를 얻기가 쉽지 않았다. 결국 우리는 동네를 한 바퀴 돌다 '독서실'이라고 적힌 곳을 발견했다. 우리는 이구동성으로 말했다.

"독서실, 저기가 거기 아이가!"

우리는 드디어 찾았다며 깔깔깔 웃으며 독서실로 들어갔다. 그런데 사무실에 앉아 TV를 보시던 할아버지 한 분이 창문을 여시더니, 우리에게 2천 원을 내야 들어갈 수 있다고 말씀하셨다. 점심 빵 값이 주머니에 들어있어 다행이었다. 모든 게 처음이라 어리벙벙했던 우리는 2천 원씩 내고 안으로 들어갔다.

독서실은 3층 전체를 다 차지하고 있었다. 교실만한 공간에 칸막이가 있는 책상 16개가 공부하기 좋게 배치되어 있었다. 개방형 독서실은 남자 독서실과 여자 독서실 총 2개의 방으로 나누어져 있었다. 혼자만 사용할 수 있는 독방도 있었는데 5백 원 더 비쌌던 것 같다. 독서실은 24시간 문이 열려있었다. 열쇠, 카드 키 이런 것도 없었다. 누구든 마음만 먹으면 들어올 수 있었고, 나갈 수 있었다. 지금 생각하면 위험해 보일 수도 있다. 그러나 그 당시 독서실의 분위기는 엄격하고 정숙했다. 공부하고자 하는 열정도 대단했다. 며칠 동안 집에 가지도 않고, 독서실에서 자고 일어나 또 공부하는 사람들도 그 시절에는 볼 수 있었다.

친구들과 나는 개방형 독서실에 들어가 나란히 앉았다. 30분 정도 앉아있으니 슬슬 엉덩이가 근질근질거리기 시작했다. 우리는 조용히 귓속말로 수다를 떨다가, 결국 바깥으로 나가서 큰 소리로 떠들었다. 나는 조용히 친구들을 따라다녔다.

계단으로 2층으로 내려가니 당구장이 보였다. 갑자기 친구들은 당구장에 들어갔다. 나와 친구들이 태어나 처음으로 당구장에 간 날이었다. 친구들은 큐대를 들고 어설픈 포즈를 취했다. 나도 똑같이 따라 해보았다. 큐대에 맞고 붉은 공을 향해 나아가는 흰 공은 생각보다 빠르고 강했다. 정확하게 맞았을 때 나는 '딱' 소리가 인상적이었다.

우리는 다시 독서실로 되돌아갔지만, 얼마 지나지 않아 집으로 갔다. 독서실이라는 곳에 돈까지 내고 들어왔는데, 하루 종일 놀기만 한 것 같아 약간 죄책감이 들었다. 독서실에 또 오고 싶어졌다. 다음에는 꼭 공부를 열심히 하겠다고 스스로 다짐했다. 왜냐하면 독서실이란 공간이 내 마음에 쏙 들었기 때문이다. 게임을 좋아하는 아이가 처음 PC방을 갔을 때 이런 기분일 것이다. 독서실은 내가 원하는 모든 것을 다 갖추고 있었다. 내게 독서실의 장점은 다음과 같았다.

1. 아버지에게서 방해받지 않고 혼자 있을 수 있다.
2. 오랫동안 혼자 있을 수 있다.
3. 밤늦게 집에 들어갈 수 있다.
4. 집중해서 공부할 수 있다.
5. 담임선생님께 칭찬받을 수 있다.

유일한 독서실의 단점은 하루 독서실비 2천 원이었다. 세 번째 어머니는 이 돈을 아까워하셨지만, 내게는 너무 가성비 좋은 금액이었다. 내가 누릴 수 있는 저 혜택들을 보라. 특히 1,2번의 서비스를 생각한다면 내게 2천 원은 거의 공짜나 다름없어 보였다. 독서실은 내게 '집을 떠나 혼자 있고 싶은 간절함', '공부 잘하고 싶은 간절함', '선생님께 칭찬 듣고 싶은 간절함' 이 모든 간절함들을 채워줄 수 있는 꿈같은 장소였다.

그날부터 학교에 가지 않는 공휴일, 시험 기간에는 꼭 할머니에게 이런 말을 했다.

"할매, 2천 원만 도."

"와?"

"독서실 가게."

오락실에 가기 위해 매일 말했던 "할매 백 원만"은 이제 독서실에 가기 위한 "할매 2천 원만 도"로 바뀌었다. 지금 생각하면 이 2천 원은 날 위한 첫 투자금이었다.

내 인생의 터닝포인트, 우정

/

사회 부적응자라고 설명해도 이상하지 않을 친구가 한 명 있었다. 그 친구는 각종 행사 때마다 늘 혼자였다. 중학교 졸업식날에도 그 친구의 가족들은 보이지 않았다. 고등학교 전교생 6백 명 중에 베스트 프렌드는 단 한 명도 없었다. 단지 얼굴을 알고, 친분이 있는 친구가 한두 명 있을 뿐이었다. 참 재미없는 하루하루를 견디며 사는 것 같았다. 그 친구가 방학 때 하는 일이라고는 독서실에 가는 것 밖에 없었다. 친구가 없었기 때문이다. 다들 아시겠지만, 그 친구는 지금의 내가 바라본 과거의 나 자신이다.

나는 학교에서 소풍을 갈 때에도 혼자 걸었으며, 혼자 앉아있었다. 체육 시간에 친구들이 농구, 축구 같은 운동을 할 때에도 나무 아래에 쭈그려 앉아 돈을 걸고 동전의 홀짝을 맞추는 짤짤이 게임을 했다. 나는 운동이 두려웠다. 운동을 못 하기 때문이다. 운동을 규칙을 모르고, 능숙하게 공을 다루지 못한다. 만약 내게 운동 잘하는 친구가 한 명 있었다면 어땠을까? 아마 나는 운동에 관심을 가지고, 못 하더라도 운동 경기에 참여하려고 노력했을 것이다. 무엇을 하는지에 상관없이 그저 친구와 함께라는 사실이 기쁘고 행복했을 것이기 때문이다.

학생 시절 내게는 눈에 띄는 특징이 하나 있었다. 그 특징의 바로 말의 어눌함이었다. 나는 정말 말을 유창하게 하지 못했다. 고등학생이 되었음에도 불구하고 내가 말할 수 있는 길이는 두 글자밖에 되지 않았다. 예를 들어, 친구들이 내 의견을 묻거나, 궁금한 점을 질문할 때 나의 대답은 늘 "몰라"였다. 그 질문의 답을 내가 알고 있든 없든 대답은 항상 같았다. 나의 짧은 "몰라"는 가끔 친구들의 기분을 상하게 하고, 날 오해하게 만들었다. 내 높은 수학 점수를 알기 때문에 내게 질문한 것인데, 내가

"몰라"라고 대답했기 때문이다.

　나는 대화하는 게 싫었다. 아니 두려웠다고 말하는 게 정확할 것이다. 그 당시의 나는 열등감이 심한 아이였다. 어렸을 때 부모님이 이혼했기 때문에 나는 엄마의 따뜻한 손길을 거의 느끼지 못했다. 아버지는 나에게 '말조심'을 해야 한다고 꾸짖으실 때가 많았다. 아버지는 한 번 말하기 전에 적어도 세 번 이상은 생각해야 한다고 강조하셨다. 나는 점점 말수를 잃어갔다. 왠지 내가 말하면 사람들이 싫어할 것만 같았다. 왠지 내가 말하면 실수할 것만 같았다.

　그래서 나는 만화책을 좋아하게 되었다. 친구들과 이야기하는 대신 혼자서 만화책을 보며, 만화책 주인공들과 대화했다. 가장 기억에 남는 만화책은 "써틴(13)"이다. 써틴(Thirteen)은 13을 의미한다. 만화책의 남자 주인공은 여자와 대화하는 컴퓨터 게임을 하고 있었는데, 여자 캐릭터 중 13번이 갑자기 사이버 세계에서 현실 세계로 넘어왔다. 만화니까 가능한 일이다. 도저히 있을 수 없는 일이었다. 그런데 나는 그 만화책의 남자 주인공이 부러웠고, 남자 주인공에 감정이입하면서 만화를 읽었다. 내가 편하게 말할 수 있는 친구들, 어디든 같이 놀러 갈 수 있는 친구들이 있었다면 그런 비현실적인 만화책에 감정이입하진 않았을 것이다.

분명 나에게 먼저 말을 걸어준 친구가 있었을 것이다. 그러나 인간관계 자체에 취약한 나는 대화를 이어가지 못했고, 의미 있는 관계를 쌓아나가지 못했다. 사실 나는 나 자신에 대한 정보를 남에게 이야기하기가 너무나 부끄러웠다. 내 가난하고 비정상적인 집안 형편이 알려진다면 '아! 글씨 백일섭'보다 더 나쁜 별명이 생길 것만 같았다. 말재주가 없어서 거짓말도 못했기 때문에 처음부터 난 친구 요청을 차단했던 것 같다.

'써틴'처럼 나의 존재 자체만으로 기뻐해 주는 친구가 있다면 얼마나 좋을까 하고 나는 상상했다.

용이는 힘이 센 일진이었고, 중학교 이후 한 번도 싸움에서 진 적 없는 싸움짱이었다. 용이는 가죽잠바, 메이커 옷을 입고 교회에 왔다. 용이의 성격은 친구들에게는 한없이 부드럽고 따뜻했지만, 일단 원수가 생기면 힘으로 굴복시켰다. 대부분의 남자 친구들은 용이와 친해지고 싶어 했고, 용이는 우리 교회 전도왕이 되었다.

  나는 교회에 갈 때 물 빠진 초록색 체육복을 입고 갔다. 할머니는 학교 로고가 찍힌 학교 체육복을 마치 군인 정복처럼 생각하셨던 것이다. 할머니는 가장 좋아 보이는 옷을 입히신 것이지만, 교회 친구들은 나를 이상하다고 생각했다. 그때부터 내 친구들은 아마 나를 그냥 말 못 하는 아이가 아니라 가난하면서 좀 모자란 아이로 평가했을 것이다.

  용이와 나는 같은 교회를 다녔지만, 한 번도 같은 분반이 되지 못했다. 우린 캐릭터도 너무 달라서 서로 대화를 해 본 적도 없었다. 친한 친구가 없던 나는 용이가 일진인 것도 모르고 있었지만, 나와 다른 외모와 성격 때문에 먼저 다가갈 용기를 내지 못하고 있었다. 용이는 주변에 친구가 많아서 굳이 나같이 재미없는 친구에게 말 붙일 필요도 없었다. 언젠가 수련회에 갈 때 내가 용이 가까이에 앉은 적이 있었는데 그날 용이는 친구들과 함께 드라마 '아들과 딸'에 나온 백일섭 흉내를 내며 "홍도야~ 우지 마라 아! 글씨! 오빠~가 있다~" 노래를 따라 불렀다. 나는 '허허허' 웃으며 같이 좋아했다.

고등학교 2학년 어느 주일날 오후 2~3시 즈음에 나는 교회 입구에서 서성이고 있었다. 주일날 할머니는 주로 교회에 계셨기 때문에 집에 아무도 없었다. 혼자서 밥을 차려 먹지 못했던 나는 주로 굶거나, 빵과 우유를 사 먹었다. 그날도 나는 교회 예배를 마친 후 약간 배고픈 상태로 그저 시간을 때우고 있었다.

용이에게는 그날이 참 신기한 날이었다고 한다. 용이는 그 주일날 친구와 약속이 있었는데, 갑작스레 약속이 취소되었다. 갑자기 혼자가 된 용이는 주위를 둘러보면서 '같이 놀 친구가 어디 없을까?' 고민했다. 바로 그때 용이는 교회 입구 근처에서 어슬렁거리고 있는 나를 발견했고, 나에게 다가와 말을 걸었다.

"우리 집에 갈래?"

"응"

용이는 나에게 말을 걸면서도, 스스로의 모습에 놀랐다.

'지금 내가 무슨 말을 한 거지? 왜 이런 말을 한 거지?

아! 글씨 백일섭한테'

뒤늦게 후회했지만 사나이가 한 번 내뱉은 말을 뒤집을 수는 없는 법. 용이는 교회에서 걸어서 15분 정도 거리에 있는 한 골목의 2층 양옥집으로 날 데려갔다. 용이가 사는 집은 2층의 투룸이었는데, 할머니와 함께 산다고 했다. 아버지와 어머니 그리고 남동생은 가게에서 살고 있다고 했다.

용이의 방은 넓고 조용했다. 공부하기에 최적의 환경 같아 부러웠다. 말주변이 없던 나는 조용히 그 방에 앉아 있었다. 용이는 그런 나와 함께 있으면서 지루함을 느꼈다. 아마 내가 왜 이 친구를 집에 데리고 왔을까 후회했을 것이다. 그래도 마음씨가 착한 용이는 손님에게 뭐라도 대접하기 위해 책상 위의 단팥빵을 내게 주었다.

"이 빵 니 무라"

"잘 무께"

"아이다. 유통기한 지났데이. 이거 맛가따"

"개안타. 내 물란다."

용이는 내가 집에 가기 전에 내게 삐삐 번호를 알려주었고, 나도 우리 집 번호를 알려주었다. 나는 단팥빵을 주머니에 잘 챙겨 넣고, 집으로 걸어갔다. 나는 내성적인 성격이라 크게 표현하진 못했지만, 기분이 무척 좋았다. 단팥빵과 연락처는 용이가 내게 준 첫 선물이자, 우정의 증표 같았다.

집에 도착한 나는 저녁으로 그 빵을 먹었다. 용이가 그 빵을 먹고 내가 배탈이 날까 봐 걱정했었기 때문에 왠지 나의 무사함을 어떻게든 알려야 할 것 같았다. 할머니가 집에 돌아오셨고, 나는 빵에 대해 까맣게 잊어버렸다. 이불을 펴고 할머니가 잠자리에 든 밤 10시경에서야 나는 그 빵이 생각났다. 늦은 시간이었지만, 혹시라도 용이가 걱정하고 있을까 봐 전화기를 들고 삐삐 번호를 눌렀다.

용이는 며칠 전 미팅을 하였고, 여자들한테서 연락을 기다리고 있는 상황이었다. 용이네 할머니는 방에서 주무시고 계셨다. 밤 10시가 되자 삐삐에 모르는 전화번호가 찍혔다. 가슴이 두근거리지 시작했다. 며칠 전 미팅에서 만난 여학생 집 번호가 분명했다.

용이의 할머니는 잠귀가 엄청 밝았다. 연세는 많으셨지만, 귀가 밝으시고 정신이 또렷하셨다. 용이 할머니는 손자가 밤에 현관문을 열고 나가는 소리를 듣는 날이면 어김없이 다음날 용이 부모님께 일러바쳤다. 손자가 밤중에 나쁜 곳에 가지는 않을까 항상 경계하고 계셨던 것이다.

용이는 무슨 군사작전을 펼치는 것처럼 발을 천천히 움직였다. 아무 소리도 내면 안 된다. 할머니가 깨실 수도 있기 때문이다. 할머니가 깨시면 일이 커진다. 용이는 천천히 현관으로 걸어가 신발을 한 손에 들었다. '덜컥' 문 여는 소리가 나지 않도록 현관문 손잡이를 약간 위로 올린 후, 최대한 천천히 돌렸다. 문을 열고 닫을 때도 온 신경을 집중해야만 했다.

밖으로 나온 용이는 공중전화박스를 향해 뛰었다. 가까운 곳으로 가면 부모님에게 들킬 수도 있기 때문에, 일부러 멀리 있는 곳까지 달려갔다. 백 원짜리 동전을 넣고, 삐삐 번호와 비밀번호를 눌렀다.

"O 개의 음성 메시지가 있습니다."

"첫 번째 메시지입니다."

"빠ㅇ 개아ㄴ타'

"○월 ○일 ○시……"

용이는 귀를 의심했다. 처음에는 소리가 너무 작아 잘 들리지 않았다. 나중에는 이게 도대체 무슨 말인지 이해되지 않았다. 도대체 누가 나에게 이런 메시지를 보낸 걸까? 용이는 궁금해서 열 번 가까이 반복해서 그 메시지를 들었다. 드디어 '박일섭'이 보냈다는 것을 용이는 깨닫고 자괴감에 빠졌다. '아, 이런 음성 메시지는 안 보내줘도 되는데. 내가 얼마나 힘들게 집에서 나왔는데. 들어갈 때 할머니가 깨시면 어쩌지?'

고등학교 2학년 여름방학이 되었을 때, 다시 용이한테서 연락이 왔다. 문제집을 사러 갈 건데 같이 가자는 제안이었다. 나는 흔쾌히 수락했다. 지난번에 내가 대구고등학교에 다닌다는 소리를 듣고, 나와 공부에 대해 이야기를 나누고 싶은 모양이었다.

우리는 교회에서 만나 동네 큰 학원 근처 서점으로 갔

다. 서점에서 우리는 고등학교 언어영역, 수리영역, 외국어영역 등의 문제집을 샀다. 문제집을 고르면서 용이는 얼마 전에 쳤던 내 모의고사 점수를 갑자기 물어보았다. 나는 아무런 생각 없이 있는 그대로 대답했다.

"니 이번에 시험 몇 등 했노?"

"12등."

"나랑 비슷하네."

근데 용이는 나와 이야기하면서 점점 이상함을 느꼈다. 내가 반에서 몇 등이라는 말을 했기 때문이다.

"니 그거 혹시 전교등수가?"

"응."

용이는 깜짝 놀랐다. 용이는 내가 좀 모자란 아이라고 생각하고 있었는데, 내가 인문계 고등학교에 다니고 있어서 처음에 좀 놀랐었다. 그런데 이번에는 그 인문계 고등학교에서 최상위권이라는 걸 알고 깜짝 놀란 것이다. 용이는 처음에 내가 거짓말하는 건 아닐까 의심했다고 한다. 용이는 나의 표정을 다시 보았다. 인정하기 싫지만 모든 것이 진실임을 인정할 수밖에 없었다.

"우리 집에 가서 같이 공부할래?"

"응"

용이는 또 나를 집에 초대했다. 우리는 문제집을 들고 나란히 걸었다. 그런데 도착한 곳은 예전의 2층 양옥집이 아니었다. 용이는 처음 가보는 시장 골목 안으로 나를 인도했다. 용이는 여러 가지 장판들이 돌돌 말려있는 한 인테리어 가게 안으로 들어갔다. 나도 뒤따라 들어갔는데, 가게 입구부터 장판들이 쌓여져 있었고, 좁은 통로를 지나니 2평 남짓 되어 보이는 작은방과 부엌이 있었다.

"엄마, 친구 데리고 왔다. 밥 도."

방 안에 들어가니 소아마비를 앓고 있는 용이의 동생 억이가 있었다. 용이에게 장애인 동생이 있는지 처음 알았다. 용이는 굉장히 사랑스러운 눈길로 동생을 바라보며 인사했다. 마치 동생이 이 세상에서 가장 소중한 보석인 것처럼. 동생은 비록 말은 못 했지만, 눈빛으로 형에게 반가움을 표시했다.

몸이 불편한 동생을 둔 용이는 형편이 어려운 친구들을 늘 도와주고 싶어 했다. 용이가 집에 초대하는 친구들은 대부분 부모님이 이혼하셨거나, 부모님이 장애인이셨다. 용이는 그 친구들을 초대해 부모님 가게에서 밥을 먹인 후, 2층 양옥집으로 데려가 같이 놀았다. 최근에야 난 이런 사실을 깨달았다. 그 이유를 물으니 용이는 다음과 같이 말했다.

"어머니에게 버림받은 한 친구를 보았을 때 이런 생각을 했어. 내가 반드시 어머니의 사랑보다 더 큰 우정도 있다는 걸 보여주겠다고."

내가 이 말을 들었을 때, 마치 나에게 하는 말 같았다. 사실 고등학교 때는 용이를 이해하지 못했다. 초인종을 눌러놓고 말도 못 하는 나를, "이르서ㅂ"이라고 들릴락 말락하게 말을 하는 나를 왜 친구로 삼고 잘 대해줬는지 이해하지 못했다. 나는 그저 고마웠다. 존재 자체만으로 나를 사랑해 줘서. 나도 드디어 베스트 프렌드가 생겼다.

공부를 포기하다

/

 나에게도 피할 수 없는 '입시 스트레스'가 찾아왔다. 난 '국사'라는 과목이 죽을 만큼 싫었다. 국사뿐만 아니라 암기과목들은 다 싫었다. 우리나라에 어떤 왕이 있었고, 그 왕이 어떤 전쟁을 일으켰고, 무슨 법을 만들었는지를 왜 내가 다 외워야 하는가? 난 그 자체가 이해되지 않았다. 내 머릿속에는 커다란 저항이 걸려 있는 것만 같았다. 다른 과목과는 달리 '국사'는 아무리 읽어도 도저히 외워지지 않았다.

어느 날 세숫대야에 머리를 대고 쭈그려 앉아 머리를 감았다. 눈을 떠보니 물이 검은색으로 변해 있었다. 처음 보는 현상에 나는 너무 놀라 물을 만져보았다. 검은색은 다 머리카락이었다. 스트레스성 탈모였다. 그 순간 나는 그동안 알지 못하고 방치했었던 내 속마음을 깨달았다. 내 무의식은 온몸으로 공부를 거부하고 있었다.

가장 열심히 공부해야 할 시기에 이런 일이 닥치다니. 나쁜 일은 혼자 오는 법이 없다. 할머니의 전 재산이나 다름없는 집과 가게는 은행으로 넘어갔고, 아버지의 병세는 더 심각해져 입원 기간은 갈수록 길어져만 갔다. 세 번째 어머니는 집을 떠나셨다. 동네 이웃들은 우리 집을 보며 '망했다'라고 말했다.

그러나 나는 그 계절로 다시 돌아가고 싶다. 단 하루만이라도 친구들을 만나 아무 생각 없이 놀고 싶다. 어차피 할머니의 재산은 내 것이 아니었다. 아버지의 질병이 나 때문에 생긴 것도 아니고, 내가 치료에 도움이 되는 것도 아니었다. 세 번째 어머니 또한 나와 언젠가는 헤어졌을 사람이었다. 내가 그 미칠 것 같은 불행 속으로 다시 돌아가고 싶은 이유는 친구들 때문이다. 그때는 친구가 내 삶의 전부였고, 내 삶의 이유였다. 우리들은 이 우정을 영원히 간직하자고 약속했다.

친구들이 없었다면 나는 많이 방황했을 것이다. 매사에 자신감이 없고, 무기력한 인생을 살게 되었을 지도 모르겠다. 하지만 친구들과 함께 지내며 나는 변했다. 나도 모르게 친구들의 말투, 행동, 취미, 마인드까지 따라 하고 있었다. 내 절친들은 아무도 공부 스트레스를 받지 않았다. 그 누구도 대학교가 인생의 전부라고 생각하지 않았다. 덕분에 나도 공부 스트레스에서 해방되었다. 그렇게 고2였던 나는 공부와 잠시 헤어졌다.

나는 외모에 관심을 가지기 시작했다. 나는 처음으로 내 키가 작다는 걸 알게 되었다. 너무 늦었지만 우리는 희망을 가지고 함께 우유를 마시고, 스트레칭을 하곤 했다. '메이커'라는 것도 처음 알게 되었는데, 돈이 없는 나는 주로 옷을 빌려 입거나 짝퉁 옷을 사 입었다. 무척 가난했던 나는 몇 벌 없는 짝퉁 옷들을 보물처럼 아꼈었다.

친구들 중 말발이 좋은 친구들이 몇 명 있었다. 그중에서도 용이가 말을 가장 잘 했다. 용이는 인상 깊은 에피

소드를 기억해두었다가 친구들이 모이면 이야기보따리를 풀어놓았다. 용이가 성대모사를 해가며 그 상황을 똑같이 재현할 때마다 친구들은 배꼽을 부여잡고 뒹굴었다. 용이는 친구들 앞에서 이야기하는 것을 전혀 두려워하지 않았다. 오히려 즐거워했다. 또한 조리 있고 진지한 이야기도 잘 했기 때문에 나는 용이가 선생님이나 목사님이 되면 좋겠다고 혼자 생각했다.

나는 처음 1년간은 말을 잘 하지 못했다. 말하는 것이 어색하고 두려웠다. 말 대신 나는 노래방에서 노래를 불렀다. 친구들처럼 나도 노래를 잘 부르고 싶었다. 정말 매일같이 오락실과 노래방을 갔고, 그때 불렀던 K2 노래는 나의 18번이 되었다. 연습은 결코 배신하지 않는다. 1년 정도 연습하자 친구들만큼은 아니지만 나도 평범한 친구들보다는 노래를 잘 부르게 되었다. 노래에 어느 정도 자신감이 생긴 나는 미팅 장소에서는 한 마디도 못하지만, 노래방에서는 열창을 선보였다.

잘 씻지도 않아 몸에서 냄새가 나던 비듬남은 멋진 짝퉁 세미 정장을 입고 K2의 '그녀의 연인에게'를 부르는 열창남으로 거듭났다. 그 무렵 나는 여전히 조리 있게 또박또박 말하진 못했지만, 조금씩 속마음을 이야기하기 시작했다.

대구에서 가장 좋은 학교인 경북대학교 전자전기공학부에 장학금을 받고 입학하자, 교회 사람들은 나를 예전과 다르게 대우했다. 대인관계에 자신감이 생긴 나는 청년부 수련회에서 자발적으로 모든 사람 앞에서 발표까지 하게 된다. 그날 용이는 내가 자기 친구인 게 자랑스러웠다고 말했다.

고교 시절 비록 내 가정은 불행했지만, 나는 인정 많은 친구들로 인해 행복했다. 내 인생에 다시없을 소중한 시간이었다. 비록 대학 입시에 필요한 '지식'은 배우지 못했지만, 나는 말발 좋은 친구들에게서 '말하기'를 배웠다. 나는 지금까지 살면서 단 한 번도 이 선택을 후회해 본 적이 없다. '말하기' 스킬은 나에게 큰 축복이 되었다. 나는 이제 쉬지 않고 1시간까지도 떠들 수 있게 되었다.

게임 중독
그리고
세계 1위

/

    1999년 나는 한때 노스트라다무스가 예언했다던 종말을 믿은 적이 있다. 매스미디어는 Y2K 문제가 전 세계에 큰 혼란을 야기할 것이라고 경고했다. Y2K는 2000년이 되었을 때 발생하는 컴퓨터 시스템 오류를 말한다. 20세기의 컴퓨터 코드는 날짜를 기억할 때 해당 연도를 두 자리로만 기억했다. 예를 들어 1999년이라면 '99'로 인식했던 것이다. 그렇다면 2000년이 되었을 때 컴퓨터는 '00'이라고 인식할 텐데, '00'은 1900년일까? 2000년일까? 1900년과 2000년을 구분하지 못하는 오류가 바로 Y2K인 것이다.

뉴스는 Y2K로 인해 전 세계 신용 시스템이 사라지고, 컴퓨터의 모든 데이터가 날아갈 수도 있다고 보도했다. 컴퓨터 시스템, 통신 시스템이 마비되면 비행기는 공중에서 미아가 되고, 금융시장은 대혼란에 빠지고, 평화로운 일상은 붕괴될 것이다. 시민들은 새 천년을 기대하면서도 노스트라다무스의 예언처럼 인류가 멸망하리라고 두려워했다.

만약 지구가 멸망한다면 나는 더 이상 학교에서 공부를 하지 않아도 되고, 대학에 가지 않아도 된다. 지금 생각하면 말도 안 되는 괴담이 고3이었던 나의 마음을 편안하게 해주었다. 노스트라다무스의 예언은 내가 고통스러운 현실 세계에서 빠져나갈 수 있는 비상구가 되어 주었다. 나는 그 누가 무슨 짓을 해도 내 암울한 미래는 결코 바뀌지 않을 것이라고 단정했다. 그래서 고3의 박일섭은 미래를 준비하는 대신 현재를 즐기기로 결정했다.

용이 집은 친구들이 모이는 아지트였다. 연락을 받고 용이 집에 가면 용이, 욱이 둘이 앉아 이야기를 나누고 있을 때가 많았다. 성이와 규는 퇴근하면서 합류했고, 목이는 여자친구와 데이트가 없을 때만 찾아왔다. 우리는 주로 이야기를 나누었다. 일단 친구들은 서로의 근황을 물었다. 친구들이 대답하면, 누군가 꼭 꼬투리를 잡아 놀려댔다. 우리는 깔깔거리며 웃었다. 힘들고 어려운 이야기를 하면 친구들은 서로 진지한 눈빛을 나누며 힘을 모아 도와주었다. 친구들은 휴대폰이 없는 날 위해 돈을 마련해 주었다. 그리고 고2 때 민이라는 우리 학교 일진이 내게 2천 원을 빌려 안 갚은 적이 있었다. 민이와 같은 학원을 다녔던 용이는 기회를 봐서 민이를 혼내주었다. 용이는 딱 두 대만 때렸다고 말했다. 다음날 우리 학교에서는 민이가 18 대 1로 싸웠다는 소문이 났다.

매일 같이 만났지만, 해야 할 이야기는 무궁무진했다. 물론 처음에는 다른 평범한 친구들처럼 공부한다는 핑계로 모여 만화책도 빌려보고, 오락실에서 철권 같은 게임을 즐기기도 했다. 그런데 어느 순간부터 우리는 둥글게 앉아서 서로의 이야기를 듣기 시작했다. '공부, 가정사, 미래' 같이 어려운 주제들은 이야기하면 할수록 우리의 마음을 무겁게 했고, 자연스럽게 우리의 관심사에서 멀어졌다. 우리는 주로 친구들의 근황, 외모, 싸움, 여자, 술, 게임에 대해 토론했으며 가끔씩 어른이 되어서도 함께 하자는 약속을 하곤 했다.

술은 주로 계명문화대 돌계단 옆 골목상가에서 마셨다. 고등학생이었지만, 제법 술집을 다녀본 친구들이 있었다. 그 친구들은 자연스럽게 '이모'라고 외쳤고, 그 이모는 마치 조카를 만난 것처럼 반갑게 맞아주었다. 나는 대학생처럼 보이기 위해 가장 좋은 세미 정장을 입고, 구두를 신고, 머리에는 젤을 듬뿍 발랐다. 술자리에 친구의 친구들도 많이 왔다. 각자 학교에서 절친을 데려와 소개해 주었는데, 초등학교 동창을 만난 적도 있었다. 대학생이 되기 전까지 여자와 함께 술 마신 적은 없었던 것 같다. 처음 보는 여자 앞에서 윤동주의 시를 암송하는 한두 명을 빼고는 모두 연애에 젬병이었기 때문이다.

2차는 거의 노래방이었다. 아마 여자보다 노래방을 더 좋아했을 수도 있다. 그만큼 친구들은 노래에 진심이었다. 남자가 남자에게 가장 멋있어 보일 수 있는 장르는 록 발라드다. 우리는 모두 김경호, K2, YARN처럼 되고 싶어 했다. 마이크를 들 때면, 우리는 노래 가사처럼 그 어떤 상황에도 굴복하지 않고, 영원히 그 사랑을 지키는 한 남자가 되었다. 그리고 목에서 피 냄새가 날 때까지 소리를 질러댔다. 노래방은 젊은 우리가 마음껏 에너지를 발산시키고, 자아실현을 할 수 있는 유일한 장소였다.

내가 그토록 원하고 바라던 지구 멸망의 날은 오지 않았다. 나는 한숨을 내쉬었다. 할 수 없이 더 살아야만 했기 때문이다. 스트레스를 받기 싫었지만 수능 날짜가 다가올수록 긴장이 되었다. 긴장이 되면 될수록 머리는 딱딱하게 경직되었다. 공부는 잘되지 않았다. 가정 형편이 비참할 정도로 어려웠기 때문에, 뛰어난 성적을 받아도 대학에 갈 수 없을 거라 생각했다. 그럴수록 나는 더욱더 친구들에게 의지했다. 특히 용이에게 의지했다. 수능 시험 치기 전날 나는 극도의 긴장감에 휩싸였다. 내가 갈 수 있는 장소는 오직 한곳밖에 없었다. 용이 집. 나는 용이 집에 찾아갔다. 용이와 나는 PC방에 갔다가, KFC에서 햄버거를 사 먹었다. 저녁이 되자 친구들 몇 명이 더 모였다. 우리는 마치 지갑이라도 잃어버린 사람처럼 골목골목을 헤매었다. 우리의 방황을 멈출 수 있는 것은 무엇이었을까? 우리는 아마 그 정답을 찾기 위해 수능 전날 늦은 저녁까지 거리를 돌아다닌 것 같다. 원하는 그것이 무엇인지도 모른 채. 우리는 마음이 너무 답답해 교회로 들어갔고, 마침 거기 계셨던 목사님께 기도를 받았다. 나는 용이 집으로 갔고, 우리는 자정이 넘어서야 잠들었다.

'입시'가 끝나자 우리들은 해방감을 맛보았다. 우리는 자유를 만끽하기 위해 부산으로 떠났다. 예전처럼 술을 마시고, 노래를 불렀다. 그리고 이제 하나가 더 추가되었는데, 그것은 바로 PC방이었다. 언젠가부터 우리 모임은 PC방을 중심으로 돌아갔다. 21세기에 들어서자 우리나라는 인터넷 강국이 되었고, 동네 곳곳마다 PC방이 경쟁적으로 들어섰다. 내가 오락실을 좋아했었기 때문에, 많은 사람들은 내가 PC방도 처음부터 좋아했을 거라고 짐작한다. 그러나 그렇지 않았다. 스타크래프트가 유행하던 1998년도는 우리 집이 급격하게 무너질 때였기에 나는 PC방에 갈 여유가 없었다. 그리고 용이와 친구들을 만나는 것만으로도 행복했기에 PC방은 나에게 그 어떤 유혹도 되지 않았다. 그러나 '너무 많은' 시간이 문제였다. 나 혼자만 인터넷으로 시간을 때우기에는 밤이 너무 길었다. 나도 친구들과 동맹을 맺고, 악당들을 쳐부수고 싶었다. 결국 나도 디아블로 2라는 게임의 바바리안이란 캐릭터로 PC방 게임을 시작하게 되었다.

PC방은 다른 장소와는 전혀 다른 특징이 있었다. 첫째로, 시선이었다. 평소에는 친구들이 둥글게 모여 앉아 서로 대화하지만, PC방에서는 모니터만 쳐다보며 채팅으로 대화한다. 둘째로, 시간이었다. 아무리 노래를 좋아하는 친구들도 노래방에서 1시간 30분에서 2시간 정도 놀면 지쳐서 나왔다. 그런데 친구들이 PC방만 갔다 하면 나올 생각을 하지 않았다. 잠이 와도 집에 가지 않고, 의자에 앉아서 휴식을 취했다. 잠시 조는 그 순간에도 마우스만큼은 절대 놓지 않았다. 처음으로 친구들에게서 '열정'을 보았다. 셋째로, 돈이었다. 용이 집에서 가까운 '황제 PC방'은 밤 10시부터 아침 8시까지 이용할 수 있는 야간 정액제가 3천5백 원 정도로 저렴했는데, 사장님은 5백 원씩 깎아주시기도 했다. 더 놀라운 것은 공짜 컵라면 서비스였다. 새벽 2시가 되면 사장님은 손님 한 명당 컵라면 한 개씩 서비스로 제공하셨다. 처음으로 공짜 컵라면 서비스를 받던 그날을 잊을 수가 없다. 나와 친구들은 모두 너무 놀라 입을 다물지 못했다. 10시간을 3천 원으로 때울 수 있을 만큼 동네 PC방은 저렴했다.

  온라인 게임의 중독성은 대단했다. 첫째로, 나는 '레벨 업'에 중독되었다. 게임을 시작하자마자 나는 몽둥이로 몬스터를 한 대 때렸다. 곧바로 내 캐릭터는 레벨 1에서 레벨 2로 업그레이드되었다. 그 순간 나는 레벨 99가 찍고 싶어졌다. 둘째로, 나는 '파티'에 중독되었다. 6명의 친구들은 각자 다른 대표 캐릭터를 키웠다. 파티는 전사, 성직자, 마법사 등으로 구성된 동맹을 의미한다. 의리로 충만한 친구들은 함께 전쟁을 치르면서 전우애를 키워나갔다. 우리는 서로를 칭찬하고 응원하였다. 내가 파티에서 꼭 필요한 존재가 된다는 것은 참으로 기분 좋은 일이었다. 셋째로, '하이 랭커'에 중독되었다. 나는 태어나 처음으로 '몰입'을 경험했다. 나는 레벨 업을 위해 매일 아침 6시에 일어나 PC방에 가서 새벽 3시에 집에 돌아왔다. 게임이 너무 재미있어서 자는 시간도 아까웠다. 몰입의 시간이 쌓이자, 열매가 맺히기 시작했다. 어느 날 최대 서버인 아시아1 랭크 넘버 원에 내 캐릭터가 서 있었다. 내가 태어나 처음으로 세계 1위를 한 순간이었다. 내 바바리안은 강력했다. 나는 일부러 7명의 바바리안 속으로 파고들었다. 7명을 한꺼번에 공격하기 위해서였다. 물론 나도 큰 대미지를 각오해야 했다. 그러나 나는 쉽게 죽지 않았고, 오히려 그들을 압도했다. 내 레벨은 그들보다 더 높았고, 내 갑옷은 그들의 공격력보다 더 단단했으며, 내 무기는 그들의 방패를 꿰뚫을 만큼 강력했다. 주위에서 사람들이 내 캐릭터를 보기 위해 몰려왔다. 최고의 바바리안은 나의 자존감을 최고로 높여주었다. 내가 바바리안인지, 바바리안이 나인지 헷갈렸다. 마치 내가 휠윈드를 돌고 있는 듯한 착각을 여러 번 받았다. 나뿐만이 아니었다. 나와 친구들은 사이버 세계에서 거의 지존이 되었다. 플레이어들은 늘 우리에게 하이 랭커 대접을 해주었다. 그렇게 우리는 '하이 랭커'에 중독되었다.

그 후, 우리는 어디에 가든 게임 이야기만 했다. 한 친구는 게임 때문에 여자친구와 헤어졌다. 여자친구와 게임 둘 중 하나를 선택해야 하는 순간이 왔을 때 친구가 게임을 선택했기 때문이다.

군대는
나의
피난처

/

 나는 대학교 생활을 포기했다. 대학교 공부는 생각보다 너무 어려웠다. 나는 공부 대신 게임에 집중했다. 휴강이 생기면 PC방으로 향했고, 저녁이면 친구들과 함께 모여 밤새도록 게임하는 나날이 이어졌다. 물론 게임만 한 건 아니다. 아르바이트도 틈틈이 했다. 나는 주로 중학생을 대상으로 한 영어와 수학 과외 아르바이트를 했다.
 2학년이 되었을 때, 아버지는 내게 더 이상 학비를 줄 수 없다고 하셨다. 믿지 못하겠지만, 장학금을 받았기 때문에 학비는 백만 원도 되지 않았다. 그러나 우리 집에서 나에게 투자하기에는 너무나도 큰돈이었다. 고등학교 3학년 때 아버지는 문제집 살 돈 십만 원도 굉장히 아까워하셨다. 내가 할머니께 십만 원을 부탁드렸을 때, 아버지는 이렇게 말씀하셨다.

"섭이 책 많다 아이가. 그 돈 내 도."

학비도, 용돈도 집에서 기대할 수 없다. 학교 공부는 너무 어렵고, 시험 칠 때마다 좌절감을 맛보았다. 나는 결국 휴학하고 게임에 올인하기로 결정했다. 나는 매일 PC방에서 살다시피 했고, 게임 아이템을 팔아서 PC방비, 식비, 용돈을 다 마련했다. 나는 점점 폐인이 되어갔다. 가족들과 주변 지인들은 나를 게임에 미친 불량 청소년으로 인식했을 것이다. 실제로 길을 걸어가다 경찰에게 붙잡혀 신분증 검사를 당한 적도 있다. 불편한 시선은 나로 하여금 스스로를 돌아보게 하였다.

지금 그동안 숨겨왔던 비밀들 중 하나를 고백하려 한다. 나는 할머니와 아버지께 학교를 휴학했다는 말을 한 적이 없다. 나는 학교에 가는 것처럼 PC방에 갔고, PC방에 가는 것처럼 학교에 갔다. 그래서 가족들은 내가 2학년까지 마쳤다고 생각했을 수도 있다.

경북대 동기 중에 훈이란 친구가 있다. 전자전기공학부 G반에서 가장 친해진 친구들 중 한 명이었다. 어느 날 나와 훈이는 PC방에서 같이 게임을 하고 있었다. 그런데 갑자기 나에게 이런 말을 던졌다.

"니 나랑 같이 군대 안 갈래?"

모범생인 훈이는 폐인이 되어가는 나에게 진심 어린 조언을 해주었다. 나는 그 순간 훈이에게 참으로 고마웠다. 마치 하나님께서 나에게 하시는 말씀 같았다. 그렇게 나는 2001년 11월 공군에 입대하게 된다.

나와 훈이는 진주에 있는 공군기본군사훈련단에서 만났다. 나는 얇은 잠바를 입고 와서 비 오는 날 나뭇잎처럼 바들바들 떨었다. 그래도 친구와 함께여서 든든했다. 그러나 역시 군대는 냉혹했다. 같이 있는 사람들을 뿔뿔이 흩어지게 만들었고, 우리는 그렇게 다른 소대에 속하게 되었다.

훈련소 밥은 정말 맛있었다. 밥을 먹고 나니 아이스크

림까지 주었다. 군대가 이렇게 서비스가 좋다니. 난 감동했다. 그런데 내 옆의 훈련병은 밥과 반찬을 다 버리고, 심지어 아이스크림은 포장도 뜯지 않고 버렸다. 난 충격 받았다. 버릴 거면 나 주지.

보급 받은 군복, 군화, 체육복, 운동화, 속옷도 다 마음에 들었다. 왜냐하면 모두가 똑같은 옷을 입고 있었기 때문이다. 나의 가난이 드러나지 않아 좋았다. 나도 다른 사람들처럼 평범해진 것 같아 좋았다.

입대한 지 사흘이 되었을 때, 갑자기 스피커에서 내 이름이 흘러나왔다. 재검 대상자들 중에 내가 있었다. 아무리 생각해도 내 신체는 건장했다. 푸시업, 턱걸이, 달리기 종목에서 나는 확실히 평균 이상이었다. 신체검사장으로 가니 군의관이 나를 기다리고 있었다. 군의관은 내 몸에는 전혀 관심이 없었다. 그저 나와 대화하길 원했다. 특히 나에게 폭력적인 성향이 있는지를 알 원했다.

전날 검사한 심리테스트 결과가 나쁘게 나온 것이 분명했다. 난 바보같이 '아무 의미 없는 설문조사니까 솔직히 답하라'는 교관의 거짓말에 속아넘어갔다. 내가 너무 솔직하게 답한 것이 화근이었다. 나는 부정적인 질문에

대부분 '예'라고 답했다. 예를 들면,

- 무언가를 부수고 싶다 - 예
- 누군가를 때리고 싶다 - 예
- 자살의 충동이 든 적이 있다 - 예

나의 심리상태는 비정상적이었다. 나는 군대에서 누군가를 죽일 수도 있고, 자살할 수도 있는 폭력성을 마음 깊숙이 숨기고 있었다. 그런데 그 사실이 심리 테스트를 통해 공개적으로 드러난 것이다. '이제 나는 어떻게 될까?'라는 걱정이 무겁게 내 마음을 짓눌렀다. 나는 다시 대구로 돌아가기 싫어서 최대한 수학을 좋아하는 모범생인 것처럼 연기했다.

나와 같이 입대한 566기는 720명 정도밖에 되지 않았다. 원래는 900명 정도가 올 때도 있다고, 나이 많은 동기생이 설명해 주었다. 본인은 6개월 전에 입대했다가 사흘 만에 집으로 돌아갔었다고 고개를 숙이며 고백했다. 무슨 사정인지는 모르지만, 아마 그 선택을 후회하는 것 같았다. 그는 이번 달에 생각보다 적은 인원이 왔기 때문에, 재검에서 내가 떨어질 확률은 낮을 거라고 나를 위로해 주었다. 그의 말대로 나는 재검에서 합격했다. 곧이어 단상에서 한 교관이 외쳤다.

"지금 집으로 돌아가고 싶은 훈련병은 앞으로 나오십시오."

"지금 나오시면 다시 민간인이 될 수 있습니다."

"지금이 마지막 기회입니다."

상상 이상으로 유혹적인 말이었다. 광야에서 예수님을 시험하는 사탄이 생각났다. 나는 대구로 돌아가기 싫어서, 사나이의 자존심을 지키고 싶어서 진주에 남기로 했다. 그날 간식으로 초코파이가 나왔는데, 5성급 호텔 뷔페에서나 맛볼 수 있는 초코파이였다. 이 초코파이는 나의 장한 선택에 대한 보상이라고 스스로 생각했다.

비록 처음 '복종' 훈련을 받을 때 서러움의 눈물을 흘렸지만, 나는 생각보다 잘 적응했다. 자살하고 싶은 충동이 딱 한 번 있었는데, 참 사소한 이유 때문에 생긴 감정이었다. 나는 빨래를 각 잡아서 개지 못했다, 반복되는 지적에 나는 심한 스트레스를 받았고, 열등감을 느꼈다. 그러나 착한 동기들의 도움으로 그 위기를 잘 극복할 수 있었다. 동기들은 힘든 훈련을 버텨낼 수 있는 버팀목이 되어 주었다. 우리는 함께 울고, 함께 웃었다.

나는 고향인 대구에 있는 11전투비행단으로 지원했고, 그곳의 정보통신대대로 발령받았다. 기차를 타고 대구로 향할 때는 마치 꿈꾸는 것만 같았다. 눈을 감았다가 다시 뜨면 내 동생 섭이가 보일 것만 같았다. 이제는 다시 볼 일이 없는 내 동생. 군 생활하며 나도 철이 들었는지, 이제는 동생을 생각할 때마다 미안한 감정이 먼저 올라왔다.

2명의 동기들과 함께 정보통신대대 사무실로 들어가 대기했다. 40대 초반으로 보이고, 중키에 몸매가 가느다란 주임원사님이 들어오셨다. 우리에게 질문지를 주시며 작성하라고 하셨다. 생각나는 질문은 다음과 같다.

1. 본인 및 가족의 생일
2. 출신학교
3. 보유 자격증
4. 토익 점수

5. 특기

 이때 나는 열등감을 느꼈다. 난 가족의 생일을 전혀 몰랐다. 우리 가족은 서로의 생일을 챙기지 않았기 때문이다. 난 자격증도 하나 없으며, 토익 시험은 본 적도 없다. 특기는 게임이지만, 게임이라고 적을 수는 없는 노릇이었다. 어쩔 수 없이 나는 본인의 생일과 출신학교 부분만 적어 제출했다.

 대대장님께서 신병을 호출하셨다. 3명의 신병들은 주임원사님과 함께 대대장실로 들어갔다. 덩치 크고 근엄한 40대 중반의 중령님이 우리를 맞이했다. 중령님은 신병들의 인적 사항에 관심이 많으셨다. 부모님은 무얼 하시는지, 어떤 교육을 받아왔는지, 무슨 특기가 있는지 한 명 한 명 질문했다. 다른 신병들은 척척 대답했다. 그들은 워드프로세서, 전기산업기사, 정보처리산업기사, 운전면허증 같은 자격증도 보유하고 있었으며, 가족들의 생일도 다 외우고 있었다. 그러나 내 차례가 왔을 때, 나는 제대로 대답할 수 없었다.
 특히 대대장님은 내가 할머니, 부모님의 생일도 모르

자 내 얼굴을 뚫어지게 쳐다보셨다. 괘씸한 불효 자식쯤으로 생각하시지 않았을까 싶다. 부모님이 무얼 하시는지도 나는 제대로 대답하지 못했다.

"아버지와 세 번째 어머니는 100일 휴가 전에 이혼하셨습니다. 이제 제 가족은 할머니, 아버지뿐입니다. 현재 아버지는 정신 병원에 입원 중이시며, 할머니는 몸이 편찮으셔서 쉬고 계십니다."

날 주목하고 있는 사람들 앞에서 이렇게 대답할 생각을 하니 수치스럽고 부끄러웠다. 고등학교 졸업 후 PC방에서 2년간 디아블로2라는 게임만 하고 온 사실도 말할 수 없었다. 내가 말한다면 분명히 나를 게으르고 무책임한 사람으로 단정할 것이다. 그 순간 처음으로 나는 지난날들을 후회했다.

가장 나쁜 평가를 받은 나는 가장 힘든 부서인 무선반으로 배정받았다. 나는 매일 남들보다 20분 더 일찍 새벽 5:40에 일어나 벙커 무선장비 점검을 해야 했다. 낮에는 전봇대를 타고 올라가 스피커를 설치하고, 안전벨트 하나에 의지한 채 철탑 꼭대기에 올라가 페인트칠을 하기도 했다. 오후 6시가 되어도 일은 끝나지 않았다. 밤 10시까지 송신소나 타워에서 장비를 점검하고, 청소하고, 빨래하고, 공부하고, 고참이 드실 라면을 끓이고 설거지까지 마쳐야 겨우 잠들 수 있었다.

2002년 월드컵을 두 달 앞두고 나는 일병을 달았다. 일병 생활은 이병 때보다 더 힘들었다. 후임병들을 가르치고 관리하면서 고참들이 시키는 일을 실수 없이 완수해야 했기 때문이다. 나의 잘못뿐만 아니라 후임병들의 잘못에 대한 화살까지 모두 나에게로 향했다. 마치 나는 양궁 과녁이 된 것만 같았다. 나는 고참들이 가지고 온 화살을 다 쏠 때까지 묵묵히 자리를 지켜야만 했다.

그러던 어느 날 갑자기 주임원사님이 날 호출하셨다. 일대일 면담이었다. 도무지 무슨 일인지 짐작되지 않았다. 그저 잠시 꿀 같은 휴식시간을 주신 주임원사님께 감사했다. 주임원사님의 분위기는 심각했다. "필승!" 나는 큰 목소리로 경례했다. 주임원사님도 밝은 얼굴로 내 경례를 받아주셨다. "필승" 따뜻하고 좋은 분이란 인상을 받았다.

"박 일병, 제대하게."

"네???"

"집에 가도 된다고. 언제 갈래? 내일 갈래?"

"내가 말해놓을 테니까 얼른 가서 집에 갈 준비해."

"……"

이게 꿈인가 생시인가! 군 생활이 아직 2년이나 남았는데 갑자기 집에 가라니. PC방이 떠오르면서 가고 싶어졌다. 지금 PC방에 있을 친구들이 보고 싶어졌다. 지금 집에 가면 '붉은 악마'가 되어 2개월 후에 있을 월드컵도 응원할 수 있다.

상대방은 주임원사, 나는 일병이다. 나에게는 생각할 시간이 없었다. 곧바로 대답을 해야 했다. 나는 얼마 전에 있었던 대대장님과의 면담을 떠올렸다. 나는 이렇게 생각했다.

1. 지금 집에 가면 난 분명히 또 PC방 폐인이 될 것이다.
2. 지금 집에 가면 보기 싫은 아버지와 함께 생활해야 한다.

3. 지금 집에 가도 할머니와 아버지에게 전혀 도움 되지 않는다.
4. 남자로 태어났으면 최소한 병장으로 만기전역해야 한다.
5. 군 생활을 계기로 나는 변해야 한다. 나도 남들처럼 미래를 대비하기 위해 자격증도 따고, 영어 공부도 해야 한다.

"죄송합니다. 저 집에 가지 않고 만기전역하고 싶습니다."

"뭐? 지금 너희 집에 돈 벌 수 있는 사람이 한 명도 없잖아. 니가 가서 도와야지."

"솔직히 제가 간다고 해도 전혀 도움이 안 될 것 같습니다."

"아……"

"여기에 남는 게 더 좋을 것 같습니다. 신경 써주셔서 감사합니다."

"그래. 알겠다. 가봐라."

나는 다신 오지 않을 기회를 걷어 차버렸다. 나는 배수의 진을 쳤다. 혹시나 내 마음이 약해질까 두려웠기 때문이다. 주임원사님은 이 사실을 관계자들에게 전달했고, 무선반 감독관님, 대대장님은 감동했다. 감독관님은 나에게 "넌 나중에 회장이 될 거야."라며 칭찬해 주셨다. 대대장님은 일 년 후 나를 모범 병사로 선정해 주셨다. 나는 대대장님으로부터 직접 '표창장'과 '휴가 1일'을 받았다. 뭐라 표현할 수 없을 정도로 뿌듯했다. 내가 지금까지 살면서 한 일 중에 가장 잘한 일 같았다.

난 모든 걸 잊고 하루하루에 집중했다. 보통 사람들 가운데서 '평범'을 배워나갔다. 그들이 어떻게 사는지, 뭘 준비하는지, 어떤 생각을 하는지 관찰했다. 나는 동료 병사들을 통해 팔로워십, 리더십, 그리고 태권도를 배웠다.

마침내 나는 군대에서 나의 특기 하나를 만들게 되었다. 바로 운동이었다. 나는 매일 푸시업, 윗몸일으키기, 달리기를 했다. 푸시업은 한 번에 120개를 할 수 있었고, 달리기는 1시간 동안 쉬지 않고 뛸 수 있었다. 내게는 괄목할 만한 성장이었다. 군대에서 내 별명은 '몸짱'이 되었다. 나는 '몸짱'을 유지하기 위해 매일 같이 운동하고, 저녁 식사량을 줄였다.

군대는 내게 그 누구도 공격할 수 없는 안전한 피난처이자, 세상에서 배울 수 없었던 것들을 몸소 가르쳐 주는 기숙 학교였다. 그곳에서 나는 조금씩 성장하였다. 모든 과정을 마치면 나도 어른이 될 수 있을 것만 같았다. 이제야 비로소 나를 바라보게 되었다.

시간아 멈춰라

/

거침없는 비바람이 불었지만, 나는 우산을 준비하지 못해 홀딱 젖고 말았다. 더 나쁜 소식은 100일 후에 역대급 태풍이 우리 집을 통과한다는 일기예보였다. 나는 시간이 멈추면 좋겠다고 생각했다. 이 순간 여기에 있는 것이 그 어느 때보다 행복했다.

내가 병장으로 진급한 지 벌써 8개월이 지났다. (그 당시 공군은 병장 임기가 11개월이었다) 제대하기 싫었다. 군 생활이 100일밖에 남지 않았을 때 불안과 두려움이 마치 매년 오는 여름 장맛비처럼 다시 내 마음을 찾아왔다. 편찮으신 할머니, 정신병원에 입원 중이신 아버지, 가난한 우리 집이 생각났다. 우리 집에서 젊고 건강한 사람은 나 혼자였다. 내가 아버지와 할머니를 부양해야만 했다.

난 양 끝이 막힌 터널에 갇힌 것만 같았다. 할머니와 아버지를 모시고 살 자신이 없었다. 그렇다고 가족을 다 버리고 떠날 수도 없었다. 앞으로 어떻게 살아가야 할지 막막했다. 나는 작은 일기장을 하나 샀다. 그리고 어두운 저녁 독서실로 가서 일기를 쓰고, 내 미래를 위해 기도를 드렸다. 하루 한 페이지 일기 쓰기는 내 마음을 위로하고, 격려해 주었다. 거부하고 싶지만 거부할 수 없는 현실, 어쩔 수 없는 내 상황을 받아들이는 연습을 난 매일 했던 것이다. 제대할 결심이 설 때까지, 역경을 헤쳐 나갈 마음의 준비가 될 때까지, 나는 아무도 없는 밤에 홀로 일기를 썼다.

절대 끝나지 않을 것 같던 911일의 힘든 군 생활이 거의 다 지나가고 있었다. 이 사실 하나만으로도 나는 대단한 성취감을 느꼈다. 2년 전 제대하지 않고 병장만기전역을 하겠다던 내 결심이 곧 열매를 맺을 것이다. 군 생활을 통해 나는 어두운 밤을 견디다 보면 언젠가 밝은 아침이 찾아온다는 사실을 새삼 깨달았다. 난 앞으로 살아가면서 피할 수 없는 어두운 터널을 마주치게 될 것이다. 그러나 내가 이 터널을 피하지 않고, 끝까지 통과해 낸다면 언젠가 나는 눈부신 하늘이 펼쳐진 고속도로를 달리게 될 것이다. 지금 당장 내가 미래를 설계하면서 일기장에 쓸 수 있는 스펙은 이러한 믿음 하나밖에 없었다.

사실 상병 때까지만 해도 나는 부사관 후보생 시험을 치르려고 했다. 부사관이 되면 관사에서 자고, 부대 식당에서 밥 먹고, 돈도 벌 수 있다. '군 생활을 1년 정도 해 봤으니까 부사관 생활도 적응할 수 있지 않을까?'라고 생각했다. 고등학교 성적이 나쁘지 않으니 부사관 시험도 좋은 점수를 낼 수 있을 것 같았다. 내가 부사관이 되었을 때의 장점과 내가 부사관이 될 수 없는 이유를 생각해 보았다.

● <u>내가 부사관이 되었을 때의 장점</u>

1. 아버지로부터 탈출할 수 있다.
2. 지금보다 훨씬 더 많은 돈을 벌 수 있다.
   (당시 상병 월급이 2만원이었다.)
3. 군대라는 피난처에 계속 머물 수 있다.

- <u>내가 부사관이 될 수 없는 이유</u>

1. 사회성이 떨어진다.
   상명하복 문화는 내 성격에 맞지 않는다.
2. 운동신경이 떨어진다.
   운동을 못 해서 스트레스받을 수도 있다.
3. 방독면 쓰기가 너무 싫다.

 방독면 때문에 나는 부사관을 포기했다. '이제 나는 무슨 일을 하며 살 것인가?'라는 생각이 수면 위로 떠올랐지만, 나는 무거운 쇳덩어리에 묶어 무의식의 바닷속으로 던져버렸다. 과도한 걱정 근심, 스트레스는 사람을 죽인다. 나는 살고 싶었다. 우선 내가 모을 수 있는 범위 내에서 최대한 저축하기로 했다.

 고등학교 졸업 후 집에서 용돈을 받은 기억이 거의 없다. 나는 가까스로 한달 한달을 자급자족하는 한달살이였다. 군대에서도 말만 병장이지 제대로 후임들에게 한턱 쏜 적도 없었다. 그저 간신히 계급별 회비를 냈을 뿐이다. 병장 월급이라고 해봤자 22000원이었다. PX는 만두 같은 냉동식품들이 저렴한 편이었지만, 여러 명의 후임을 데려가 마음껏 먹이는 것은 내게 큰 부담이 되었다.

정말 어쩔 수 없이 내가 돈을 내야 할 때면 바로 아래 후임인 정 병장에게 돈을 빌리곤 했다.

나는 한 달에 1만~1만5천 원을 쓰고, 나머지 돈을 저축했다. 그렇게 일 년에 10만원 정도를 모을 수 있었다. 휴가를 나가서 문화 활동을 즐긴다는 것은 상상할 수도 없었다. 그 대신 휴가를 나오면 나는 꼭 특식을 즐겼다. 특식은 바로 '아몬드 플레이크' 시리얼과 우유 1리터였다. 비싸지 않은 이 음식은 나로 하여금 다음 두 달을 버틸 수 있는 힘이 되었다. 휴가 기간이 지루할 때면 난 '해리포터' 같은 소설책을 5권 빌려 내내 읽었다.

휴가 이야기를 하다 보니 한 가지 고백할 게 있다. 한번은 워드프로세서 1급 필기시험 공부를 하기 위해 교보문고에 가서 문제집을 구입했다. 나는 일부러 그 책에 밑줄 하나 긋지 않았다. 조심조심 살짝 펼쳐서 공부했다. 자기 전에는 책이 벌어지지 않도록 뒤집어놓고, 그 책 위에 다른 책을 올려놓았다. 2개월 후 나는 정복을 입고 외출해 자격증 시험을 치렀다. 그리고 집에 가는 길에 교보문고에 들러 정중하게 환불을 요청했다.

"죄송합니다. 책을 잘못 샀어요."

교보문고 직원은 나를 위아래로 훑어보시더니 환불 처리해 주셨다. 참 감사하면서 죄송했다. 나는 교보문고를 지나칠 때마다 가끔 그 일을 회상한다. 내 나름대로 감사함을 표현하기 위해 한두 달에 한 번 정도는 아이들을 데리고 꼭 교보문고로 데려간다. 책만큼은 마음껏 사주려고 노력한다. 난 정말 책이 사람을 만든다고 믿는다.

공군에는 취업을 위해 영어 공부하는 병사들이 참 많았다. 제대하기 전 수능 제도가 변경되었는데, 이 사실은 나를 비롯해 수많은 병사에게 화제가 되었다. 매일 꾸준히 공부하는 병사들을 지켜보노라면 마음속 깊은 곳에서부터 존경심이 차올랐다. 보통 사람 같지 않았다. 대단해 보였고, 멋져 보였다. 솔직히 말하면, 나도 한 달 정도는 그들을 따라 해보았지만, 너무 힘들어서 포기했다. 그 후 아무 생각 없이 달리거나, 농구공을 던졌다.

할머니, 아버지께 효도해야 하는데, 나 자신과 가족들을 책임져야 하는데, 공부해야 하는데, 기도해야 하는데, 나는 항상 사흘 만에 포기했다. 그래서 병장 때 쓴 일기장에는 '작심삼일'이라는 단어가 많이 나온다. 나는 제대하는 날까지 '작심삼일'과 기도를 30번 정도 반복하였다. 기도 내용은 다음과 같았다.

1. 하나님 저희 가정이 화목하게 해 주세요.
2. 하나님 저 공부 잘하게 해 주세요.

신이 내게 주신 선물, 희망

/

2004년 5월 4일 오전. 나는 크게 소리를 질렀다.

"야~호~"

출입구를 지키는 헌병들이 날 쳐다봤다. 문제를 일으킨다면 영창에 처넣어버리겠다는 눈빛이었다. 그러나 나는 신경 쓰지 않았다. 나는 이제 민간인이었다. 나는 동기들과 함께 세상의 공기를 깊이 들이마셨다. 향기로운 '자유' 맛이 났다. 2001년 11월 19일 이후 처음 느끼는 상쾌함이었다. 모두 길고 긴 군 생활을 마쳤다는 성취감으로 충만했다.

동기들과 함께 짜장면, 짬뽕, 탕수육을 먹었다. 이렇게 바깥에서 다 같이 식사하는 건 처음이었다. 동기들은 앞으로의 계획에 관해 이야기했다. 어학연수, 수능 준비, 복학 준비 이렇게 세 부류로 나뉘어졌다. 나는 마음을 정하지 못한 상태였다. 무슨 준비를 하기에는 우리 집이 너무 가난했기 때문이다. 당장 할머니, 아버지를 도와 일을 해야 할 것만 같았다. 아르바이트 말고 생업 전선에 뛰어들어야겠다는 각오까지 했다. 입대 전에는 상상조차 할 수 없었던 일이었다.

이병, 일병, 상병, 병장 네 가지 계급을 경험하면서 나는 다양한 역할을 맡았고, 그 역할에 따른 업무는 온전히 혼자서 책임져야만 했다. 도저히 빠져나갈 길은 보이지 않았다. 하기 싫어도 난 무조건 해내야만 했다. 그렇게 역경을 극복하는 과정에서 나는 책임감을 배웠다. 예전에 없었던 자신감도 조금씩 싹트기 시작했다. 인정하기 군 생활은 나를 세상 풍파에 맞설 수 있는 어른으로 성장시켰다. 그 당시 나는 세상 그 어떤 일도 다 해낼 수 있을 것만 같았다.

나는 원래 가장 쉬운 길인 복학을 선택하려고 했다. 그런데 복학하려니 돈이 하나도 없었다. 아버지는 3공단에 있는 한 공장에 가서 같이 일하자고 말씀하셨다. 난 아버지 말씀에 순종하기로 했다. 정확한 이유는 알 수 없다. 그냥 아버지를 믿고 도와드리고 싶었다. 어른으로서 돈을 벌어 할머니를 도와드리고 싶었다.

공장에서 일하기 위해서는 꼭 오토바이를 탈 수 있어야 했다. 그래서 아버지는 시간을 내어 내서초등학교로 날 데려가 오토바이 타는 법을 가르쳐주셨다. 아버지 허리를 감싸 안으며 바람을 맞으니 어릴 적 기억들이 떠올랐다. 먼저 나쁜 기억. 아버지는 내게 자전거 타는 법을 가르쳐주시거나, 자전거를 사 주신 적이 없다. 그리고 좋은 기억. 아버지는 자전거 짐칸에 나를 태워주신 적이 있다. 다리 위로 자전거를 운전하시는 아버지의 등, 흐르는 강물이 생각났다. 과거의 기억 중 몇 안 되는 좋은 추억이었다. 처음 타보는 오토바이였지만, 두렵지 않았다. 자전거와 비슷하다고 생각하며 운전 연습을 시작했다. 생각보다 빠르게 느껴져서 살짝 놀랐지만, 바람을 가르는 짜릿함에 이내 기분이 좋아졌다.

내 첫 직장은 자동차 부품을 납품하는 작은 공장이었다. 아침 일찍 8시 30분까지 공장으로 가서 청소하고, 믹스 커피를 마셨다. 쇠를 깎는 공장이라 그런지 기계 냄새, 기름 냄새가 많이 났다. 오래 일하지 않아서 정확한 기억은 나지 않는다. 5명 정도의 직원들이 크고 작은 기계들에 달라붙어 있었던 것 같다. 나는 주로 배달 심부름과 청소를 담당하였다. 그러다 가끔 공장이 바쁠 때면 사장님은 할 수 없이 초보인 나에게 일을 맡기셨다. 나는 태어나 처음으로 그라인더를 들고 철판을 평평하게 갈았다. 장비는 무거웠고, 쇠가 깎이는 소리는 시끄러웠다. 나는 일을 하면서도 내가 과연 일을 잘하는 건지 확신할 수 없었다. 나 때문에 불량이 발생하는 건 아닌지 늘 불안했다. 언젠가 공장 사장님께서 작은 부품들을 주시며, 정확한 위치에 구멍을 뚫으라고 명령하셨다. 자신이 없었지만 일단 구멍을 뚫었다. 나는 내가 작업한 부품들을 보며 구멍의 위치가 균일하지 않음을 확인할 수 있었다. 때마침 그때 사장님과 아버지 사이에 큰 다툼이 일어났고, 우리 부자는 돈 한 푼 받지 못하고 쫓겨났다. 아버지와 나는 사장님 집에 찾아가 급여를 달라고 사정도 해보았지만, 아무런 소득이 없었다. 아버지에게 어떤 사연이 있는지 나는 묻지 않았다. 그냥 모르고 싶었다. 이제 내게 남은 선택지는 '복학' 밖에 없었다.

 나는 시간을 내어 경북대 전자전기공학부 G반 과방에 갔다. 내가 모르는 후배들이 드나들었다. 심심해서 나가려고 할 때 01학번 후배가 들어왔다. 중키에 단발머리를 한 모범생 스타일의 여자 후배였다. 친하지 않은 후배였는데, 나를 반갑게 맞아주었다. 굉장히 밝은 표정이었다.

"안녕하세요. 저 01학번 OOO이에요."

"어, 안녕. 오랜만이네. 잘 지냈지?"

"전 이제 졸업반이에요."

"아… 좋겠다. 취업은?"

"한국전력공사 합격했어요."

"아… 축하해. 좋겠다."

 갑자기 살짝 어지러웠다. 난 큰 충격을 받았다. 나는 00학번인데 학점, 자격증, 토익 아무것도 아직 준비하지 못했다. 저 후배는 모두가 선망하는 한국전력공사에 벌써 당당히 합격했다. '도대체 어떻게 준비한 걸까? 차이가 뭘까?'라는 생각이 들었다. 나이만 많은 나 자신이 한심해 보였고, 나의 무능력함이 실망스러웠다. 먼저 복학한 과 동기들을 찾아가 만났을 때 내 좌절감은 더욱더 커졌다. 그들은 너무나 바쁘고 치열하게 살아가고 있었고, 학원까지 다니며 고3보다 더 열심히 공부하고 있었다. 한 친구는 내게 이렇게 말했다.

"나는 매일 별을 보면서 등교하고, 또 별을 보면서 하교해."

괴물들 같았다. 나는 도저히 복학해서 잘 해낼 자신이 없었다. 제대 후 한 달도 안 되었는데, 내 인생에 또 위기가 찾아왔다.

사실 제대 전부터 어학연수를 같이 가자고 한 친구가 있었다. 그 친구는 고맙게도 어학연수 비용 전액을 본인이 부담하겠다고 말했다. 실로 파격적인 제안이었다. 그 친구는 바로 용이였다. '용이의 부모님은 어떤 마음으로 그 제안에 동의하신걸까?'라는 생각이 들었다. 용이의 아버지, 어머니께서 피땀 흘려 일하신 그 돈을 내가 함부로 사용할 순 없었다. 이미 나는 그분들께 과분한 사랑을 받았다. 그 집에서 얻어먹은 밥값만 해도 백만 원은 넘을 것 같았다. 나는 거절할 수밖에 없었다. 나는 이제 스스로를 책임져야 할 어른이 되었기 때문이다.

경북대 동기 훈이는 수능 공부를 시작했다고 내게 알려주었다. 수능 제도가 우리에게 유리하게 바뀌었기 때문에 지금부터 준비해도 충분히 승산이 있다고 말했다. 수능 제도의 변화를 간략하게 설명하자면 다음과 같다.

1. 언어영역(국어) 비중 축소 : 120점 → 100점
2. 수리영역(수학) 비중 확대 : 80점 → 100점
3. 외국어영역(영어) 비중 확대 : 80점 → 100점
4. 과학탐구영역 비중 확대 : 4과목 선택 시 총점 200점
5. 사회탐구영역은 없어짐.

위의 수능 제도 변화가 도대체 나와 어떤 상관이 있단 말인가? 나의 장단점에 한 과목씩 적용시켜 보면 그 효과를 대충 짐작할 수 있다.

1. <u>언어영역(국어)</u> : Good!
   자신 없는 과목인데 비중이 축소되었다.
2. <u>수리영역(수학)</u> : Excellent!!
   가장 좋아하는 과목인데 비중이 확대되었다.
3. <u>외국어영역(영어)</u> : Good!
   자신 있는 과목인데 비중이 확대되었다.
4. <u>과학탐구영역(과학)</u> : Good!
   좋아하는 과목인데 비중이 확대되었다.
5. <u>사회탐구영역(암기과목)</u> : Perfect!!!
   가장 싫어하는 과목인데 아예 없어졌다.

 나의 약점인 암기과목이 몰려있는 사회탐구영역이 사라졌다. 이건 내게 마치 기적 같았다. 대박! 횡재한 기분이었다. 내가 못 하는 과목인 언어영역은 안타깝게도 사라지진 않았지만, 비중이 축소되었다. 나에게 굉장히 다행스러운 일이였다. 나머지 내가 좋아하고 잘하는 과목들인 수학, 영어, 과학은 그 비중이 다 늘어났다. 브라보!

 훈이의 제안이 가장 솔깃했다. 수능 제도 변화는 하나님께서 내게 주신 선물 같았다. 어느 순간부터 나는 확신하기 시작했다. 이건 내 기도에 대한 하나님의 응답이라고. 그러나 바뀐 것은 수능 제도일 뿐 내 상황은 여전했다. 난 돈이 없었다. 나를 도와줄 어른도 한 명 없었다. 5년 동안 제대로 공부를 해 본 적도 없다. 하나도 기억나지 않았다. 그런데 설상가상으로 시간도 부족했다. 수능까지 5개월 보름밖에 남지 않았다. 나는 미쳐버릴 것만 같았다. 내가 할 수 있는 것은 기도밖에 없었다. 나는 하나님께 간절하게 구했다.

"하나님, 이제 저는 어떻게 해야 하죠?"

지금까지의 나는 어른들에게 끌려다니기만 했다. 수동적이고 의존적인 인생이었다. 그러나 지금부터는 그렇게 살 수 없다. 능동적으로, 독립적으로 살아갈 것이다. 내 인생은 이제부터가 진짜 시작이다.

의지박약사, 죽고 싶지만 서울대는 가고 싶어

Part 2

목적이 이끄는 삶

Part 2의 제목은 아래 도서의 제목을 인용하였다.
릭 워렌, 『목적이 이끄는 삶』, 도서출판 디모데, 2010.

새로운 꿈,
그리고 데미안

/

 엄마의 얼굴이 도저히 떠오르지 않았다. 어릴 때부터 꿈을 꾸면 엄마가 한 번씩 등장하곤 했다. 그렇게 나는 아무도 모르게 생모를 만나 밀회를 즐겼다. 엄마의 얼굴은 항상 까맣게 색칠되어 있었다.

 고등학생이 되어 SES와 핑클이라는 그룹이 등장했을 때, 남학생들은 열광했다. 우리 반에서는 SES파와 핑클파로 나뉘어 싸우기까지 했다. 내색하진 않았지만, 나는 SES파였다. SES의 세 멤버 바다, 유진, 슈 중에서 나는 유진이 제일 예쁘다고 생각했다. 슈는 귀여웠고, 바다는 노래를 가장 잘 불렀다. 나는 문구점에 가서 SES 멤버들의 사진을 한 장당 300원씩 주고 여러 장 구입했다. 가방에 넣고 다니면서 어디를 가든 사진을 붙여놓았다.

고2 여름날 용이 집에서 꿈을 꿨는데 또 엄마가 나왔다. 이번에는 엄마의 이목구비가 뚜렷하게 보였다. 누군가와 굉장히 닮아 보였다. 자세히 보니 '유진'의 얼굴이었다. 나는 친구들에게 이렇게 자랑했다. 내 엄마는 분명히 유진처럼 예쁜 사람일 거라고. 친구들은 아마 속으로 비웃었을 것이다.

'점마 뭐라카노. 뭐 잘못 무웃나'

경북대학교에 합격한 후 나는 어머니와 연락이 닿았다. 우리는 휴대폰으로 서로 연락을 주고받았고, 우방타워랜드 입구에서 만나기로 약속했다. 약속 시간은 늦은 저녁이었다. '왜 낮에 만나서 대화를 나누지 않고, 밤에 만났을까?'라는 의문이 지금 생기지만, 자세한 이유는 생각나지 않는다. 아마 앞으로 많은 시간과 기회가 있을 거라고 생각해서 따로 시간을 내지 않은 것 같다.

약속 날도 나는 친구들과 다 함께 용이 집에 모여 놀았다. 긴장되고 가슴이 두근거렸다. 신기하게도 엄마에 대한 그 어떤 나쁜 감정도 들지 않았다. '왜 어렸을 때 날 버리고 떠났나요?' 같은 진부한 질문도 떠오르지 않았다. 그저 엄마 얼굴을 보고 싶었다. 나도 엄마가 있다는 걸 친구들에게 보여주고 싶었다.

나는 혹시라도 엄마가 먼저 나와 기다릴까 봐 약속 장소에 30분 일찍 나가 기다렸다. 친구들도 감동적인 재회 장면을 목격하기 위해 다 같이 따라 나왔다. 엄마는 아직 안 나오셨다. 나는 입구 중앙에 서 있었고, 친구들은 멀리 떨어져 상황을 지켜보고 있었다. 약속 시간이 다 되어 차 한 대가 내 앞에서 멈춰 섰다. 지금 내 나이 또래의 한 여자가 내려서 내 쪽으로 걸어왔다. 그 순간 나는 머릿속이 백지장처럼 하얘지고, 온몸이 딱딱하게 굳어버렸다. 얼굴이 나와 닮았다는 사실을 인지했을 때 비로소 내 긴장은 눈 녹듯이 풀리고, 입에서 '엄마'라는 단어가 저절로 흘러나왔다. 그리고 본능적으로 무얼 해야 할지 알았다. 나는 엄마에게 다가가 포옹했다.

반갑지만 어색한 시간이었다. 엄마와 나는 함께한 기쁨도 슬픔도 없었다. 물론 엄마는 기억날 수도 있다. 그러나 나는 그 어떤 추억도 기억나지 않았다. 정말 태어나 처음 보는 것 같았다. 엄마와 무슨 대화를 나누었는지 전혀 기억나지 않는다. 나는 여전히 불안했다. 엄마와의 관계를 어떻게 쌓아나가야 할지 몰라 불안했다. 어렵게 만난 엄마와 또 헤어질까 봐 불안했다. 나는 어떻게든 엄마에게 도움이 되는 아들이 되고 싶었다.

엄마와 헤어지자, 친구들은 내게 축하 인사를 건넸다. 친구들에게 고마우면서도 한편으론 미안했다. 나 말고도 부모님이 이혼하셨거나, 부모님이 편찮으신 친구들이 몇 명 있었기 때문이다. 그중에는 나처럼 어릴 적에 엄마와 헤어진 친구도 있었다. 엄마의 부재로 인해 본인도 고통스럽고 괴로웠을 텐데, 그 친구는 날 진심으로 축하해주었다. 나는 이 뜻깊은 행사를 함께 치러준 모든 친구에게 따뜻한 마음을 느꼈다.

그날부터 나는 엄마와 가끔 만나 밥을 먹었다. 어느 날 엄마는 식사 자리에서 나에게 키다리 아저씨를 소개해 주셨다. 이름 있는 기업에서 꽤 높은 자리까지 올라가신 분이라고 하셨다. 키다리 아저씨는 내게 앞으로의 계획을 물으셨고, 나는 조심스럽게 수능시험을 한번 쳐보고 싶다고 말씀드렸다. 그랬더니 키다리 아저씨는 '약학대학'을 추천하셨다. 네가 지금은 비록 가난하지만 만약 약사가 된다면 먹고 살 걱정은 안 해도 될 거라고 알려주셨다. 나는 "네, 알겠습니다."라고 대답했다. 아직 군기가 다 빠지지 않은 말투였다. 나는 속으로 '어차피 약학대학을 가야 한다면 이왕이면 서울대학교 약학대학을 가는 게 낫겠지.'라고 생각했다. 키다리 아저씨는 앞으로 6개월 동안 30만원씩 후원해 줄 테니 한번 열심히 공부해 보라고 말씀하셨다. 처음엔 믿을 수가 없었다. 엄마의 표정을 보니 거짓말은 아닌 것 같았다. "감사합니다. 열심히 하겠습니다."라고 대답했다. 내 인생에 다신 오지 않을 소중한 기회라는 확신이 들었다.

며칠 후 나는 교회에 가서 예배를 드렸다. 집으로 걸어오면서 나는 하늘을 바라보며 간절히 기도했다.

"하나님, 저 서울대학교 약학대학 갈 수 있을까요?"

"지금 제 실력으로는 98% 떨어질 것 같아요."

"만약 붙여만 주신다면 저 정말 열심히 할게요. 가능하다면 신약도 개발해 볼게요."

내가 가진 무기는 오직 '믿음' 밖에 없었다. 나라도 나 자신을 믿어주어야 했다 "나는 할 수 있다"라고 격려해 주어야 했다. 아무런 희망도 보이지 않았기 때문에 사실 나는 두려웠다. 내가 의지할 수 있는 사람이 없었기 때문에 너무 외로웠다. 오직 기회는 단 한 번뿐이었다. 나는 비바람 치는 벼랑 끝에 홀로 매달려있는 작은 동물 같았다.

집에 가서 할머니와 아버지께도 내 계획을 말씀드렸다. 아버지는 내게 경북대학교 복학을 권유하셨다. 할머니는 내게 "왜 힘들게 또 공부할라카노"라고 말씀하셨다. 나는 두 분께 6개월도 안 남았으니 딱 한 번만 허락해달라고 부탁드렸다. 아버지는 집안 사정상 한 달에 30만원밖에 줄 수 없으니 나머지는 알아서 하라고 말씀하셨다. 나는 선택의 여지가 없었다. 나중에 알아보니 학원비로 한 달에 30만원, 식비와 생활비로 한 달에 30만원,

합쳐서 정확하게 60만원이 필요했다.

  수능 날짜는 11월 17일. 5월 말이 되자 내 마음은 다급해졌다. 당장 6월부터 등록할 재수학원을 알아봐야 했다. 초등학교 때부터 알고 지냈던 원이에게 연락했다. 원이는 어릴 때부터 뭐든지 만들기를 좋아했는데, 특히 경기용 글라이더를 잘 만들었다. 내 기억 속의 원이는 발명대회에 나갈 만큼 똑똑한 친구였다. 원이는 나를 반갑게 맞아주었다. 고마웠다. 원이는 삼수 끝에 경북대학교에 들어가 공부 중이라고 말했다. 삼수라니 의외였다. 물어본 내가 괜히 미안했다. 나는 자초지종을 설명했고, 원이는 자기 친구 '데미안'을 소개해 주겠다고 약속했다.

  약속 장소는 대구 중앙로 근처의 양식집이었다. 원이는 나에게 데미안이라는 친구를 소개시켜 주었다. 실명이 아니라 가명을 사용하다니. 신선한 충격이었다. 군대에 있는 동안 세상이 많이 변했구나라고 생각했다. 데미안은 원이가 삼수하면서 만난 친구였는데, 또래 친구들보다 약간 성숙한 느낌을 풍겼다. 나는 속으로 '그런데 이 친구는 왜 데려왔지?'라고 생각했지만 묻지 않았다.

그런데 내가 재수학원이라는 주제를 던지자 원이는 조심스럽게 데미안이 현재 육수생이라고 밝혔다. 나는 많이 놀랐다. 다른 사람들이 눈치챌 만큼. 데미안은 기분 나빴을 텐데도 내색하지 않았다.

데미안은 의사가 되기 위해 1999년부터 2003년까지 다섯 번의 수능을 치렀다. 2000년도 수능시험에서 뛰어난 성적을 거뒀지만, 운이 나쁘게도 의대에 들어가기에는 살짝 부족한 점수였다. 그렇게 한해 한해 재도전한 데미안은 어느새 육수생이 되어있었다. 데미안은 매해 학원을 바꿔 다녔기 때문에, 거의 모든 재수학원 선생님을 다 알고 있었다. 올해 데미안이 선택한 학원은 '송원학원'이었다. 데미안뿐만 아니라 원이도 송원학원이 가장 실력 있는 선생님들이 모인 학원이라고 자신 있게 설명했다. 데미안은 혹시 내가 송원학원에 오게 된다면, 자신이 도와주겠노라 약속해 주었다. 그때까지만 해도 나는 근거 없는 자신감으로 가득 차 있었다. '자기가 도대체 뭘 도와줄 수 있다는 거지?'라고 생각하며 흘려들었다.

송원학원은 특별반, 서울대반, 연세대 및 고려대반 등

으로 나뉘어져 있었다. 내 목표는 서울대. 나는 오직 서울대반에 들어가길 원했다. 다른 곳은 생각도 하지 않았다. 학원에 들어가 입학 상담을 요청하니 잠시 후 입학 담당 선생님께서 오셨다. 6월 입학생은 거의 없었기 때문에 선생님은 나를 유심히 관찰하셨다. 나는 아직도 군대 말투를 고치지 못하고, 계속해서 '다나까'를 연발하고 있었다.

"저 서울대 반에 들어가고 싶은데 말입니다."

"안 돼. 서울대 반은 아무나 함부로 들어갈 수 있는 반이 아니야."

"왜 안 됩니까?"

"최근에 모의고사 친 적 있어?"

"없습니다."

"그럼 지금까지 뭐 했어?"

"군 복무 마치고 왔는데 말입니다."

"안 돼."

입학 담당 선생님은 약간 싫은 티를 내셨다. 선생님은 만약 내가 서울대 반에 들어간다면 학습 분위기를 망칠 거라고 생각하시는 것 같았다. 나는 무시당해 기분이 나빴지만 어찌할 방도가 없었다. 이제 내가 쓸 수 있는 비장의 카드를 쓸 차례였다. 나는 곧바로 데미안에게 전화를 걸었다. 고맙게도 데미안은 곧바로 사무실로 달려와 입학 담당 선생님께 나를 자기 친구라고 소개했다. 나는 민망해서 바깥으로 나가 기다렸다. 데미안은 한참 동안 선생님과 대화를 나누더니, 나에게 들어오라고 손짓했다. 놀랍게도 선생님이 서울대 반 입학서류를 가지고 오시는 게 아닌가! 나는 데미안의 위대함을 경험했다. 이후 나는 그를 은인으로 여겼으며, 단 한 번도 나는 그의 능력을 의심하지 않았다.

공부 많이 하다
죽은 사람은
없다면서요?

/

 2003년 크리스마스이브에 '실미도'라는 영화가 개봉했다. 이 영화의 주인공은 서른한 명의 684부대다. 1968년도 4월에 창설되었기 때문에 684부대라고 이름이 붙여졌다. 서른한 명은 김일성을 제거하기 위해 강제 차출된 죄수들이다. 군인들은 이 서른한 명의 죄수들을 훈련시켜 살인 무기로 만든다. 그런데 갑자기 문제가 발생한다. 임무 수행 전 남북 관계가 좋아진 것이다. 이제 684부대는 남북 관계의 걸림돌이 되었다. 상부에서는 이들을 모두 사살하라는 명령이 떨어졌다.

나는 실미도를 보면서 단순히 영화로 즐길 수가 없었다. 나는 영화를 보는 내내 괜히 심각해졌다. 마치 내가 684부대원 같았고, 실미도는 우리 집 같았다. 나는 실미도라는 희망 없는 집에서 태어났다. 이 집에 남아있는 한 나는 아버지로 인해 영원히 고통받을 것이다. 내가 어디로 가든지 간에 아버지는 어김없이 그곳에 나타나 나를 괴롭히실 것만 같았다. 제대가 백 일 정도밖에 남지 않아서인지 나는 감성적으로 예민해져 있었다.

서울대 반 교실은 마치 서바이벌 게임장 같았다. 교실 안에 학생은 60명 정도였다. 모두 서울대 반에 들어올 만큼 뛰어난 성적을 내는 모범생들이었다. 그 모범생들이 모두 집중할 때 발생하는 진공상태의 고요함은 나를 소름 돋게 만들었다. 다른 학생들이 교실에서 공부하는 모습만 봐도 긴장되고 가슴이 두근거렸다. 가끔 증상이 심해질 때면 나는 머리가 아프고 숨이 막혀 교실에서 공부할 수 없을 정도였다. 그럴 때마다 나는 사람들이 별로 없는 교실이나 학원 내 독서실을 찾아갔다.

나는 매일 새벽 4:30에 일어나 운동하고, 아침밥을 먹고, 5:30에 버스를 탔다. 6:30부터 22:00까지 학원에서 공부한 후 집에 가는 버스를 탔다. 집에서는 씻고, 밥솥에 밥을 안친 후 새벽 1:30까지 공부했다. 수면 시간은 단 3시간밖에 되지 않았다. 그럼에도 불구하고 나는 잠자는 시간이 아까웠다. 뒤늦게 6월에 합류한 터라 시간은 없는데 수업 내용이 하나도 이해되지 않았기 때문이다. 공부해야 할 내용도 많았고, 풀어가야 할 과제도 많았다. 나중에는 운동시간을 아예 없앴다. 평소에 즐겨 보던 만화책도, 매일 같이 가던 동전 노래방도 완전히 끊었다. 수능을 위해 나는 내 즐거움조차도 사치라고 판단했다.

시간이 지나자 언어영역 수업 시간만큼은 어느 정도 이해할 수 있게 되었다. 평생 책은 읽어본 적이 없던 내가 언어영역을 가장 좋아하게 되다니. 나 자신도 놀랐었다. 수학은 정말 하나도 생각나지 않았다. 수능까지 5개월밖에 남지 않았기 때문에 나는 수학에 올인할 수 없었다. 수학 대신 나는 빨리 성적을 끌어올릴 수 있는 물리, 화학, 생물에 집중했다.

드디어 6월 모의고사 날이 되었다. 무려 4년 8개월 만에 치는 모의고사였다. 나는 은근히 괜찮은 점수를 기대하며 모의고사 시험을 치렀다. 수학이 정말 어려웠다. 내가 풀 수 있는 문제는 10문제도 채 되지 않았다. 수학에서 내 평생 최악의 점수인 60점을 받게 되었다. 총점은 500만점에 400점. 반에서 거의 꼴찌에 가까운 점수였다(00년 수능점수는 400점 만점에 363점이었다). 난 충격을 받았다. 그렇지만 긍정적으로 생각하기로 했다. 나머지 과목에서 나름 선전했기 때문이다.

 똑같은 전략으로 한 달 더 공부했다. 어느 날은 수학 열두 문제를 풀고 자려고 마음먹었다. 그런데 시간이 너무 오래 걸렸다. 공식이 생각나지 않았고, 풀이 과정도 번번이 막혔다. 마치 커다란 벽을 만난 느낌이었다. 나는 자존심이 상해 오기를 부렸다. 모든 문제를 다 풀었을 때 새벽 4:30이었다. 내 기상 시간 알람이 울렸고, 나는 평소와 같이 일어나 학원 갈 준비를 했다.

 나는 학원 가는 버스 안에서 영어 듣기를 했다. 학원에 도착하니 아침 6시 15분. 다행히 학원 문은 열려있었다.

안으로 들어가니 아무도 없었다. 넓은 교실에 오직 나 혼자였다. 너무 긴장돼서 잠은 오지 않고, 머리가 계속 지끈지끈 아팠다. 너무 답답해서 창문을 여니 시원한 바람이 불어왔다. 조금 기분이 나아졌다. 그날 하루를 어떻게 버텼는지 모르겠다. 조금이라도 자야 할 것 같아 책상 위에 엎드려 잠을 청하기도 했다. 그러나 다른 친구들이 공부하는 모습만 보면 나는 또 긴장하기 시작했다. 도저히 잠을 잘 수가 없었다. 그날도 집에 가서 새벽 1:30까지 언어영역을 공부했다. 책방에서 구입한 두꺼운 언어영역 종합문제집이었다. 이불 위에 누워서 내가 몇 시간 동안 깨어서 공부했는지 계산해 보았다. 무려 45시간이었다. 아마 45시간 중 40시간은 공부하는 데 사용했을 것이다. 화장실에 있었던 시간을 제외한 모든 시간에 나는 어떻게든 공부했기 때문이다.

내 몸은 두 달간의 연속된 수면 부족으로 점점 만신창이가 되어갔다. 군대에서 비축해 둔 체력은 이미 소진된 지 오래였다. 항상 머리는 깨질 듯이 아팠고, 가끔 어지러웠으며, 설사와 변비가 번갈아 가며 찾아왔다. 정신적으로, 체력적으로 번아웃이 된 상태였다. 그러나 나는 쉴

수가 없었다. 수능이 4개월도 채 남지 않았기 때문이다. 시간이 흐를수록 '불가능'이라는 세 글자가 무의식의 수면 위로 떠오르려 하고 있었다. 수능 공부 이후 찾아온 첫 번째 위기였다. 나는 다음의 세 가지 방법으로 이 위기를 돌파했다.

첫째로, 나는 군대에서 『7막 7장』과 『비상』이란 책을 읽고 배운 핵심 메시지를 머릿속으로 계속 되뇌었다.

공부 열심히 해서 죽었다는 사람 주변에서 본 적 있는가? 아무리 열심히 공부해도 절대 죽지 않는다. 그러니 죽을 만큼 열심히 공부해서 네 꿈을 이뤄라!

둘째로, 집 앞 약국에 가서 약사님께 이렇게 부탁드렸다.

"약사님, 저 정말 죽을 것 같아요. 저 좀 살려주세요."

"손님, 왜 그러세요?"

"제가 수능 공부를 하는데 너무 열심히 해서 힘들어 죽을 것 같아요."

약사님은 약간 놀라신 것 같았다. 그러나 내 말은 절대 과장이 아니었다. 난 정말 죽을 만큼 힘들었다. 그러나 이번 기회는 내가 죽더라도 놓칠 수 없는 단 한 번의 기회였다. 나는 정말 절박했다. 약사님은 내게 종합비타민 4개월분을 권해주셨다. 4만원이었다. 나는 비상금을 사용했다. 내 몸을 위해 꼭 필요한 투자라고 판단했기 때문이다.

셋째로, 나는 매일 기도했다. 순간순간마다, 매주마다, 매달마다 기도했다. 당장 닥칠 미래가 말할 수 없을 만큼 불안했기 때문에 혼자 힘으로는 도저히 버틸 수 없었다. 나는 하나님께 기도드렸고, 내가 미래의 서울대 약대생이 될 것이라 확신하기 시작했다. 나는 다이어리 맨 앞쪽에 내 미래의 수능 점수를 미리 적어두었다.

언어 - 90점
수학 - 95점
영어 - 95점
과학 - 195점

총점 - 475점

500점 만점에 475점. 당시 내가 상상할 수 있었던 최고점이었다. 만약 내가 수능 시험에서 475점을 받는다면 서울대 약대에 합격할 수 있을 것 같았다. 그 당시 나는 어리석게도 서울대에서 수시 전형, 정시 전형, 지역균형 전형으로 각각 몇 명을 뽑는지 검색하지도 않았다. 나는 내가 합격할 수 있는 확률도 계산하지 않았다. 단순히 나는 이렇게 생각했다.

'무조건 서울대 합격자 중 한 자리는 내 것이다. 난 언젠가 서울대 반 1등이 될 것이다.'

종합 영양제를 먹고 나는 기운이 반짝 났다. 몸에 활기가 돌자 나는 또 말도 안 되는 상상을 하기 시작했다. '7월 모의고사에서 내가 1등 하면 어떡하지?' 가만히 보면 나는 참 특이한 사람이다. 최악의 상황인데도 그런 느긋한 생각을 하고 있었으니 말이다. 다음에 누가 나의 특기를 묻는다면, 이렇게 대답해야겠다.

"제 특기요? '정신 승리'입니다."

수학만 18시간 공부하다

/

담임 선생님께서 내 이름을 부르셨다. 나는 당당히 앞으로 나가 성적표를 받았다. 총점을 보았다. 390점. 난 충격을 받았다. 6월보다 10점이 떨어졌다. 수학 점수를 보았다. 40점이었다. 6월보다 무려 20점이나 떨어졌다. 자신에게 화가 났다. 두 달간의 노력은 헛수고였단 말인가? 내 자존심은 산산조각이 났다. 두 달간 노력한 결과가 이것이라면, 수능 결과는 불 보듯 뻔했다. 나는 현실을 인정할 수 없었다. 이 성적표는 내 것이 아니라고 생각하며, 쓰레기통에 성적표를 버렸다.

이제 전략을 바꿔야만 했다. 우선 수면 시간을 조정하기로 했다. 그리고 더 이상 수학을 내버려둘 수만은 없었다. 바닥까지 떨어진 나의 수학 감각을 꼭대기까지 끌어올려야만 했다. 수학 점수가 90점 이상 나오지 않는다면, 475점이라는 높은 점수는 절대로 얻지 못할 것 같았다. 나는 수학에 올인해야겠다고 다짐했다.

어느 날 엄마는 힘들어하는 아들을 위해 보쌈을 사 주셨다. 엄마는 혹시 조금이라도 내 시간이 낭비되지 않도록 저녁 시간에 딱 맞춰서 와주셨다. 그날 먹은 보쌈은 내 평생 최고로 맛있는 보쌈이었다. 그리고 엄마가 학원에 있는 날 찾아와 보쌈을 사 주시니 정말 힐링이 되었다. '내가 이런 대접을 받아도 되는 건가?' 하는 생각이 들었다. 엄마가 날 도와주신 만큼, 나도 엄마에게 좋은 성적으로 보답해 드리고 싶었다.

대화 중에 갑자기 경북대학교 수학과 교수 이야기가 나왔다. 갑자기 웬 수학과 이야기를? 알고 보니 엄마 친척 중의 한 명이 현재 경북대 수학과 교수로 재직하고 있었다. 엄마는 그 친척 교수님을 한 번 만나 뵙고, 상담을 받아보라고 하셨다. 나는 지푸라기라도 잡는 심정으로 흔쾌히 수락했다.

곧바로 만남은 추진되었다. 나는 교수님의 점심시간에 맞춰 교수님 사무실 안으로 들어갔다. 고등학교 수학 문제가 적혀 있는 칠판이 보였다. 내가 지금 공부하고 있는 내용이기에 나는 유심히 쳐다보았다. 교수님은 그 문제가 얼마 전 수시 입학생을 뽑기 위해 출제했던 면접 문제라고 알려주셨다.

대학교수님과 겸상하다니! 내게는 믿기지 않을 만큼 영광스러운 자리였다. 나도 멋진 대학교수가 되고 싶다는 생각이 절로 들었다. 또 하나의 꿈이 내 가슴 속으로 들어온 순간이었다. 나는 만날 때부터 헤어질 때까지 시종일관 훈련병 모드로 있었다. 정자세로 앉아서 밥을 먹었고, 질문에는 항상 "네, 알겠습니다."로 대답했다. 식사를 마치고 헤어질 때 교수님은 내게 무거운 선물을 하나 주셨다.

교수님께서 주신 선물은 다름 아닌 고등학교 수학 문제집이었다. 그 문제집은 공통 수학, 수1, 수2, 미적분까지 전 범위를 다 포함하고 있어서 생각보다 두껍고 무거웠다. 교수님은 이 문제집이 필요한 사람은 자신이 아니라 나라고 말씀하셨다. 교수님의 말씀을 나는 이렇게 이해했다.

'아, 이 문제집을 처음부터 끝까지 다 풀어보라고 말씀하시는구나.'

'알겠습니다. 교수님. 최선을 다하겠습니다.'

나는 그날부터 수업 시간을 제외한 모든 시간을 수학 문제집 풀이에 투자했다. 걷는 시간, 학원 쉬는 시간, 밥 먹는 시간, 버스 타는 시간, 저녁 공부 시간, 심지어 화장실에서도 난 수학 문제를 풀었다.

수면 시간은 여러 실험을 통해 6시간 30분이 내게 최적인 것으로 판명되었다. 난 자정부터 오전 6:30까지 자기로 결정했다. 아버지는 굉장히 이른 새벽에 깨실 때가 많았다. 그런데 문제는 일어나자마자 활동을 시작하신다는 데 있었다. 어느 날은 새벽 5시에 벽에 못을 박으셨다. 마치 나의 잠을 일부러 방해하려고 작정한 사람 같았다. 정말 어느 날은 대놓고 내 방문을 두드리기도 했다. 내 방은 너무나 좁아서 옷장에 머리를 두고 누우면 내 발가락이 방문에 닿을 정도였다. 그래서 아버지가 두드릴 때마다 방문을 통해 내 몸으로 충격이 전달되었다. 아버지는 강제로 문을 열려고 하셨고, 나는 발바닥에 힘을 주어 방문을 밀며 버티었다. 한동안 나는 아버지에게 괴롭힘을 당해야만 했다.

그러나 어느 순간부터 집 안에서 아버지의 인기척이 들리지 않았다. 아침에도 밤에도 아버지는 집에 안 계셨다. 할머니께 여쭤보니 아버지가 정신병원에 입원했다고 말씀하였다. 아버지께는 정말 죄송하지만, 나는 정말 잘된 일이라고 생각했다. 아버지의 부재로 인해 온전히 내가 공부에만 집중할 수 있는 환경이 만들어졌기 때문이다.

그 당시 할머니는 예전 집에 그대로 살고 계셨고, 나는 제대 후 임대주택으로 이사해 아버지와 함께 살고 있었다. 우리 집은 할머니 집에서 버스로 1시간은 걸리는 먼 거리에 있었다. 나는 너무 바빠서 할머니 집에 갈 시간도 없었다. 결국 나는 혼자 살기로 결정했다. 2004년 7월 나는 평생 처음으로 혼자 살게 되었다.

피나는 노력 끝에 나는 수학 문제집에 있는 모든 문제를 다 풀었다. 단 한 달 만이었다. 정말 기적이 일어났다. '원칙'을 지키면서 모든 문제를 다 풀 수 있었다는 게 난 너무 놀라웠다. 수학 문제를 풀 때 꼭 지켜야 할 원칙이 한 가지 있다. 그것은 문제를 풀어서 답이 나오기 전에 절대로 먼저 답안지를 펼치지 않는 것이다. 다시 말해, 수학 문제를 잘못 풀어서 틀릴 수는 있지만, 절대 답안지를 빈칸으로 두는 일은 없다는 의미다. 나는 문제집의 설명을 읽고 예제, 유제, 연습 문제 순으로 차근차근 다 풀었다. 문제집의 수준이 평이해서 그런지 막히는 문제가 거의 없었다.

8월이 되자, 학원은 일주일간의 방학을 발표했다. 처음에 나는 이 방학에 대해 굉장한 불만을 표시했다. 수능이 3개월밖에 안 남았는데, 방학을 즐긴다는 것은 어불성설이라고 나는 생각했다. 그때부터 나는 일주일의 방학을 어떻게 활용할지 계획하기 시작했다. 나는 방학 동안 나의 단점들을 최대한 보완하기로 결정했다. 눈에 띄는 나의 단점들은 다음과 같았다.

1. 수학 : 직전 수학 모의고사 점수가 40점이다.
2. EBS : 수능과 연계되는 EBS 문제집을 아직 한 권도 풀어보지 못했다.
3. 영어 : 특정 유형의 문제를 자주 틀린다.

그래서 나는 일주일 동안 이렇게 공부하기로 계획했다.

1. 수학 : 1학기 EBS 문제집 중 수1, 수2, 미적분 문제집을 사서 다 푼다.
2. EBS : 과학탐구와 관련된 EBS 문제집을 사서 다 푼다.
3. 영어 : 유형별 문제로 정리된 EBS 영어 문제집을 사서 다 푼다.

그래도 방학은 방학이었다. 나는 할머니가 보고 싶어 할머니 집에 가서 일주일간 머물렀다. 할머니는 날 반갑게 맞아주었고, 나 또한 할머니 얼굴을 보니 기운이 났다. 나는 할머니께서 차려주시는 아침밥을 먹고, 8시까지 독서실로 향했다. 독서실에서 4시간가량 공부한 다음 독서실 아래 고깃집에서 갈비탕을 시켜 먹었다. 음식이 나오기 전까지 나는 언어영역을 위해 꼭 신문 사설을 꼼꼼히 읽었다. 주로 노무현 대통령에 관한 내용이 많았던 걸로 기억한다. 오후 1시부터 6시까지 또 공부한 후 저녁 식사는 할머니 집에 가서 먹었다. 저녁 7시부터 공부할 때는 굳이 공부 시간을 정하지 않았다. 내가 공부하고 싶을 때까지 마음껏 공부했다. 이것은 방학의 매력이라고 난 생각했다.

나는 최선을 다했다. 다시 도전해도 이전보다 더 좋은 기록을 내긴 힘들 것 같다. 정말 많이 공부한 날은 수학만 18시간 공부했다. 그날의 뿌듯함은 아직도 기억난다. 어두운 밤하늘의 별을 보며 골목을 걸어갈 때 기분이 참 상쾌했다. 그 순간 나는 고등학교 때의 그 감각이 되살아나고 있음을 느꼈다. 일주일의 시간은 내 모든 목표를 완수하기에는 너무 짧았다. 100% 달성한 목표는 오직 수학뿐이었다. 나머지 과목들은 모두 50%밖에 풀지 못했다. 그러나 나는 만족했다. 그동안 가슴에 꽉 막혀있던

스트레스가 뻥 뚫리는 기분이었다. 일주일간의 특훈으로 각성한 나는 이제 더 이상 수학이 두렵지 않았다. 빨리 8월 모의고사를 쳐서 내 실력을 확인하고 싶었다.

노력은 절대 배신하지 않는다

/

 일주일의 여름방학은 생각보다 길었다. 하루 만에 수1, 수2, 미분과 적분 문제집을 한 챕터씩 끝내는 것은 생각보다 집중력과 체력이 요구되는 일이었다. 시간의 밀도가 높아서 하루하루가 내게는 이틀이나 사흘처럼 길게 느껴졌다.

 노력은 절대 배신하지 않는다. 여름방학 덕분에 나는 학원 스케줄에 완벽하게 적응했다. 나는 어느 정도 공부를 즐길 수 있게 되었다. 수업 시간을 즐기고, 과제를 즐기고, 저녁 자습 시간을 즐겼다. 이제 수업 내용 중에 이해되지 않는 내용은 없었다. 학원에 입학한 지 두 달 반 만에 나는 고등학생 때의 자신감을 회복했다.

남은 3개월 동안 죽지는 않을 정도로 열심히 공부한다면 목표한 475점에 안착할 수 있을 것 같았다. 내 실력을 확인하기 위해 2학기가 시작되자마자 나는 수학 모의고사 문제집을 풀어보았다. 점수는 80점이었다. 지난 7월 모의고사 점수보다 40점이나 오른 만족스러운 점수였다. 나는 내 자신이 대견하고 자랑스러웠다.

한 달 동안 위험을 무릅쓰고 수학에만 전념했던 나의 공부 방법이 통한 것이다. 수학에 대한 감을 잡았기 때문에 나는 공부 전략을 다시 짰다. 수학 공부는 학원 수업만으로도 충분할 것 같다고 판단했다. 이제는 하이리스크 하이리턴 투자 방식을 버리고 안전한 분산투자 방식으로 갈 때였다.

점수가 안 나올까 가장 염려했던 과목은 언어영역이었다. 유독 언어영역만 점수의 기복이 심했기 때문이다. 나는 어릴 때부터 책 한 권 안 읽고 오락만 했던 지난 세월이 후회되었다. 그렇다고 지금 문학책을 펼쳐 놓고 있을 수도 없었다. 나는 언어 영역의 지문에 좀 더 익숙해지고, 문제 유형과는 좀 더 친해져야겠다고 생각했다. 나는 언어 영역에 익숙해지기 위해 언어 영역 지문을 찾아가 매일 만났고, 친해지기 위해 나와 언어 영역 사이에 엉켜있던 문제를 매일 풀었다.

외국어 영역 같은 경우는 세 가지 지문 A, B, C의 순서를 올바르게 배치하는 문제가 가장 어려웠다. 그러나 수많은 반복 훈련 끝에 배치 문제의 패턴을 발견할 수 있어서 다행이었다. 그리고 영어 듣기와 문법 문제가 가끔씩 내 발목을 잡았다. 사실 영어 듣기 공부는 학원에서 제대로 다루지 않았기 때문에 실력이 늘 제자리였다. 아침, 저녁으로 버스를 탈 때마다 영어 듣기를 했지만, 피곤해서 집중되지 않았다. 문법 문제는 공부해도 이해가 되지 않는 경우가 많았다. 그래서 문법 문제만큼은 운에 맡기기로 했다. 틀려도 어쩔 수 없다는 막무가내식 돌파 방법이었다.

과학탐구 영역은 학원 선생님이 만들어 주신 문제집에 의존했다. 예습할 때 모든 문제를 풀어가고, 수업 시간에 선생님의 설명을 듣고, 복습시간에 오답을 정리했다. 과학은 내가 고등학교 때 좋아했던 과목이었지만, 그 시절에도 만점을 받은 경우는 거의 없었다. 재수학원에서도 아무리 열심히 과학을 공부해도 모의고사를 치면 늘 새로운 내용 또는 새로운 유형의 문제가 나왔다. 과학은 내게 운이 좋아야 만점을 받을 수 있는 과목이었다. 그러나 물리만큼은 꼭 만점을 받고야 말겠다는 결의로 더 열심히 공부했다. 물리는 한 문제만 틀려도 3등급이 나올 수 있는 치열한 과목이었기 때문이다.

드디어 8월 모의고사 날이 다가왔다. 날씨는 흐리고 우중충했다. 좋았던 기분도 나빠지는 우울한 날이었다. 이상하게 나는 그런 날씨가 좋았다. 젊음의 열기, 욕망, 걱정, 불안 이 모든 것들이 바닥에 착 가라앉는 것만 같았다. 덕분에 기분이 차분해지고, 잡생각 없이 공부에만 집중할 수 있었다. 중요한 결전의 날이었기 때문에, 나는 특별히 크런치 초콜릿까지 준비했다.

혼신의 힘을 다해 모의고사를 치렀다. 이제 더 이상 공부할 힘이 남아있지 않았다. 나는 데미안을 따라 헬스장으로 갔다. 데미안은 매일 1시간씩 시내에 있는 헬스장에서 운동을 한다고 했다. 공부는 체력이기 때문에 운동하지 않으면 오랫동안 앉아있을 수 없다고 그 친구는 말했다.

나도 그 의견에 동의했고, 헬스장 일일권을 끊었다. 데미안은 생각보다 몸이 좋았다. 꾸준한 운동으로 다져진 탄탄한 몸매였다. 나의 몸은 정보통신대 몸짱이란 예전 별명이 무색할 정도로 볼품없었다. 거울을 보고 부끄러워진 나는, 자존심을 조금이라도 회복하기 위해 러닝머신 위를 달리고, 아령을 들고, 턱걸이를 하였다. 공부할 때 금방 지나가는 1시간이 헬스장에서는 10시간처럼 길었다. 데미안은 운동 후 굉장히 상쾌해 보였다.

그러나 나는 죽을 만큼 힘들었다. 운동 후에 더 피곤해졌다. 마음속으로 수능 전까지 다시는 운동하지 않겠다고 다짐했다. 공부가 최우선 순위였기 때문에, 더 좋은 성적만 받을 수 있다면, 내 건강이 좀 나빠져도 어쩔 수 없는 일이라고 생각했다. 그래도 오랜만에 운동을 한 기념으로 나는 데미안과 밥을 먹으며 셀카를 찍고, 싸이월

드에 사진을 올렸다.

드디어 8월 모의고사 성적표가 나왔다. 조마조마한 마음으로 조심스럽게 총점을 확인했다. 450점이었다. 7월 모의고사보다 무려 60점이 오른 점수였다. 바로 수학 점수를 확인했다. 90점이었다. 수학은 지난번보다 50점이 올랐다. 어퍼컷 세러모니를 하고 싶었지만, 담임 선생님께서 바로 앞에 계셔서 꾹 참았다. 그때 선생님께서 내게 한마디 하셨다.

"너 누구 거 베꼈니?"

"네???"

나는 황당해서 빨리 내 자리로 돌아와 앉았다. 나중에 다시 생각해 보니 참을 수 없이 수치스럽고, 기분 나빴다. 그러나 선생님의 이런 시시한 도발 때문에 내 시간과 감정을 소모하기에는 내 시간이 너무 아까웠다. 이제 내게 남은 시간은 3개월도 채 되지 않았다. 그냥 좋게 생각하기로 했다. 한 달 만에 수학 점수가 50점이나 올랐으니, 이건 누구라도 충분히 의심할 수 있는 상황이었다.

수학 점수가 50점 내려간 게 아니라, 50점 올라간 일이 나 얼마나 경사스러운 일인가? 이렇게 나는 선생님의 오해를 합리화하며, 나쁜 기억을 좋은 기억으로 포장하였다.

이제 남은 모의고사는 9월, 10월 단 두 번밖에 없다. 우리 집의 가난한 형편으로는 내가 지금 공부하는 것만으로도 기적 같은 상황이었다. 키다리 아저씨의 도움이 없었다면 절대 불가능했을 일이었다. 우리 집에서 내게 매달 주시는 30만원, 키다리 아저씨께서 내게 매달 주시는 30만원, 이 60만원의 돈이 낭비되지 않도록 나는 매일 최선을 다했다.

추석에 친구들이 만나자고 했을 때도 나는 수능 공부를 핑계로 일찍 일어났다. 친구들의 얼굴이 너무 보고 싶은데, 나는 시간이 없었다. 궁리 끝에 택시를 타고 친구를 보러 갔다. 얼굴을 보고 잠시 안부를 나눈 다음, 나는 친구들에게 일찍 일어날 수밖에 없는 이유를 설명하고, 미안함을 표시했다. 나는 미안함을 두 가지 방법으로 표현했다. 첫째는 말, 둘째는 돈. 서둘러 계산을 한 후, 미안하다는 말과 함께 택시를 타고 독서실로 향했다.

추석 명절에 가족들이 식당에서 모두 모여 식사하는 날이 있었다. 그때에도 나는 식사가 끝나자마자 서둘러 독서실로 뛰어갔다. 가족들과 친척들은 그런 나의 모습을 보며 이상하다고 생각하는 것 같았다. 어른들은 내가 예의 없다고 생각했을 수도 있다. 걸음이 느린 할머니를 다른 친척들에게 부탁하고 나만 먼저 사라져 버렸으니까. 누군가는 내가 제대 후에 시간과 돈을 낭비하고 있다고 생각했을지도 모르겠다. 그 당시만 해도 내가 시험을 잘 볼 거라고는 아무도 예상하지 못했기 때문이다.

9월 모의고사를 쳤다. 과목별 점수는 정확히 기억나진 않지만, 총점과 수학 점수는 정확히 기억난다. 455점과 92점이었다. 이를 토대로 다른 과목의 점수를 추측해 보면 아마 다음과 같을 것이다.

언어영역 85점 (목표 95점)
수리영역 92점 (목표 95점)
외국어영역 100점 (목표 95점)
과학탐구 178점 (목표 190점)

언어영역 점수는 여전히 내 가장 아픈 손가락이었다. 언어라는 친구는 성격이 까다롭고, 감정 기복이 심해 친해지기가 힘들었다. 문제집을 풀 때면 90점이 나올 때도 있었지만, 모의고사를 치면 도무지 90점이 나오지 않았다.

수리영역은 나름대로 선방했다고 생각했다. 지난번에 이은 연속 90점대였다. 이번에는 선생님도 내 실력을 인정해 주셨다. 그러나 여전히 목표점수인 95점을 뛰어넘지 못해 아쉬웠다. 이제 충분히 100점을 받을 수 있을 거라고 생각했는데, 100점은 생각처럼 쉽지 않았다. 내가 알고 있는 모든 풀이 방법을 동원해도 풀 수 없는 문제가 꼭 두세 문제는 나왔다.

외국어영역은 태어나 처음으로 100점을 받았다. 내 실력이 뛰어났다기보다는 운이 좋았다고 분석했다. 기분이 얼떨떨했지만, 무척 행복했다. 이 점수가 수능점수로 이어졌으면 좋겠다고 기도했다. 만점이라고 주위에 자랑하고 싶었지만, 모의평가 점수이기에 참았다. 나는 '영어는 이제 별거 아니다. 나는 영어를 정복했다'라고 생각했다.

이 100점은 내가 영어에 약간 소홀하게 만들었다. 그때로 돌아갈 수만 있다면 '절대 방심은 금물'이라는 말을 들려주고 싶다.

과학탐구는 여전히 어려웠다. 사실 원점수로만 보면 아주 못한 점수는 아니었다. 그러나 과학탐구는 과목별로 강자들이 모여 있는 경우가 많아서 몇 문제만 틀려도 표준 점수가 형편없이 떨어졌다. 그래서 만점이 하나도 없고, 모든 과목마다 몇 문제씩 틀리는 나는 굉장히 불리했다. 그렇다고 해서 뾰족한 개선 방법이 있는 것도 아니었다. 나는 매일 저녁 과학이론을 공부하고, 틀린 문제를 복습했다.

9월 모의고사는 내게 또 다른 의미가 있었다. 이 시험으로 나는 서울대 반 석차 10위권에 가깝게 올라왔다. 데미안이 있는 특별반에는 비록 미치지 못하지만 나름 난다 긴다 하는 학생들이 모인 서울대 반 10위권 안에 든다는 건 생각만 해도 행복한 일이었다. 그리고 내 목표를 생각할 때 어찌 보면 당연한 일이었다. 나는 10위권이 아니라 1등을 목표로 하고 있었다.

내가 예상치 못한 다크호스로 밝혀지자, 내게 관심을 보이는 친구들도 몇 명 나타났다. 나와 같은 수성구에 사는 남학생, 늦게 와서 내 옆에 몇 번 앉은 여학생, 나처럼 군대 제대 후 다시 수능에 도전하는 동갑내기 친구 이렇게 세 명이었다. 내 짝꿍이 될 뻔했던 그 여학생은 항상 향수를 뿌리고 학원에 왔다. 목숨을 걸고 공부하고 있던 나의 신경은 극도로 예민해져 있었기 때문에, 향수 냄새는 나를 필요 이상으로 자극했다. 공부에 관한 한 1%의 집중력도 방해받기 싫었기 때문에, 나는 그녀를 피해 다른 자리로 옮겨갔다. 나는 최상의 공부 환경을 만들기 위해 최적의 짝꿍을 찾고 있었다. 바로 그때 알게 된 친구가 동갑내기 친구였다. 나와 짝꿍이 되었는지, 앞뒤로 앉았는지 기억은 잘 나지 않는다. 그러나 나는 그 친구를 심적으로 의지했다. 나 이상으로 몰입해서 공부하는 그의 절박함, 집에 갈 때까지 흔들리지 않는 그의 꼿꼿한 자세, 약대라는 동일한 목표가 나를 자극했다. 나는 힘들고 지칠 때마다 라이벌인 그 친구가 공부하는 모습을 보며 마음을 다잡았다.

  수성구에 사는 남학생은 뽀글뽀글 파마머리가 특징이

었다. 얼굴 생김새도, 몸매도 파마와 어울리게 통통한 친구였다. 9월 모의고사를 친 후, 우리는 버스정류장에서 우연히 만났다. 갑자기 그 친구가 내게 말을 걸어왔다. "형 우리 집에 안 갈래요?" 나는 마침 피곤하기도 했고, 집에 가도 공부에 집중이 되지 않을 것 같아 파마머리 친구의 제안을 수락했다.

  집에 들어가니 아버지와 어머니가 계셔서 최대한 공손하게 인사를 드렸다. 친구는 같은 반에서 공부하고 있는 우등생 형이라고 날 소개했다. 파마머리 친구 어머니께서 내게 "어디 살아요?"라고 질문하셨지만, 나는 대답하지 못했다. 숨기고 싶었다. 집 주소를 말하는 순간, 내가 임대주택에서 사는 가난한 학생이라는 게 밝혀질까 두려웠다. 집은 넓지 않았다. 20평대 같았다. 대구에서 가장 부자들이 모여 사는 동네가 수성구라고 들었기 때문에 이 집도 매우 비싼 집일 것이라고 추측했다. 어찌 되었든 나를 집에 초대해 준 파마머리 친구에게 고마웠다. 맛있는 식사를 대접해준 친구 어머니께도 감사했다. 바로 집으로 가기가 미안해 나는 파마머리 친구와 함께 근처 오락실에 가서 잠시 놀았다. 시간을 금이라 여기는 내가 오락실에 갔다니, 입시 스트레스가 컸던 모양이다. 마음이 답답해 집까지 걸어갔다. 불은 꺼져있었고, 아무런 인기척도 느껴지지 않았다. 아빠는 수능을 친 후에나 퇴원하실 모양이다. 이렇게 텅 빈 아파트에서 나 혼자 산지 삼 개월째다. 나는 마음을 비우고, 푹 자려고 노력했다. 두 달 후면 모든 게 끝나 있을 터였다.

수능 한 달 전, 공황장애가 오다

/

 9월 모의고사 이후 학원에서 있었던 일은 하나도 기억나지 않는다. 수능 시험일이 다가올수록 내 마음은 초조해졌다. 고작 두 번의 시험에서 450점이 나온 게 전부였던 나는 내 목표인 475점을 달성할 수 있을지 확신하지 못했다. 내 실력이 아니라 그저 두 번의 운에 불과한 건 아닐까라고 스스로를 의심했다. 마음이 약해지고 있었다.

 점심 식사를 마치고 데미안과 나는 국채보상공원에 나가 잠시 휴식을 취하곤 했다. 날씨가 좋아 예쁜 옷을 입고 나온 커플들이 곳곳에서 눈에 띄었다. 심지어 재수학원 커플들도 있었는데, 도대체 공부하러 온 건지 데이트하러 온 건지 분간할 수 없을 정도였다. 자세히 보니 선남선녀였다. 특히 흰색 레이스 블라우스와 밝은색 주름 미니스커트를 입은 여학생은 키가 크고 굉장히 날씬했다. 그 여학생은 우리 학원 퀸카였다. 저런 복장을 하고 재수학원에 온다고? 나로서는 도무지 이해할 수 없는 사람이었다. 소문에 의하면, 그 남학생은 의대 합격이 거의 확정적인 부잣집 도련님이고, 그 미니스커트 여학생은 도련님이 예전부터 만나오던 여자 친구라고 했다. 도련님이 재수하게 되면서, 내조하기 위해 그 여학생도 뒤따라 입시학원을 다니고 있는 것이다. 예쁘게 화장하고, 미니스커트를 입은 데이트 복장을 하고 매일 국채보상공원을 산책하고 있는 것이다. 나는 살짝 열받았다. 저것들은 내가 꼭 수능에서 이기고 말겠다고 결심했다. 약해진 내 마음은 다시 불타오르고 있었다.

10월이 되자 확실히 교실의 분위기는 예전보다 더 무거워졌다. 이번 수능을 포기하는 학생들도 속출했다. 그들은 내년 수능을 준비해야겠다고 떠들었다. 나는 그 녀

석들을 쳐다보며 '아무 생각 없고 속 편한 놈들'이라고 생각했다. 반대로 마지막 전의를 활활 불태우는 친구들도 늘어났다. 이런 친구들을 쳐다보면 나는 아무 생각도 할 수 없었다. 너무 긴장되어서 가슴이 쿵쾅쿵쾅거렸기 때문이다.

10월 모의고사 점수는 462점이었다. 역대 최고 기록이었지만 여전히 목표치에는 도달하지 못했다. 반 석차는 확실히 10위권 안으로 진입하였다. 그러나 아직 1등의 시상대는 멀어서 구경도 못 할 정도였다. 과학 점수는 약간 올랐지만, 다른 과목들은 9월 모의고사와 거의 비슷한 성적이었다.

수능이 딱 한 달 남았을 때, 나는 가슴이 너무 두근거려 도저히 앉아있을 수가 없었다. 교실 바깥으로 나가면 괜찮았다. 그러나 교실 안으로 들어가 다른 학생들이 공부하는 모습을 보면 또 가슴이 두근거렸다. 지금 생각하면 그때 공황장애가 온 것 같다. 내가 목표를 너무 높게 세운 것이었을까? 나는 지난 5개월 동안 한 번도 모의고사에서 475점을 받지 못한 나, 아직 한 번도 1등 하지 못한 나를 스스로 용납하지 못하고 있었다. 그리고 이미 나보다 뛰어난 실력을 지녔으면서 나보다 더 열심히 공부하는 친구들을 바라보며 자격지심을 느꼈다. 결국 나는 학원에 나가지 않았다. 아니, 학원에 나갈 수 없었다.

그날 나는 집에 가서 속옷, 양말, 검은색 운동복 한 벌을 챙겨 할머니 집으로 갔다. 할머니께 수능 칠 때까지 여기에서 지내겠다고 말씀드렸다. 할머니는 공부하는 나를 보며 늘 안쓰러워하셨다. 우리는 종종 이런 대화를 나눴다.

"일섭아, 몸 상한데이. 공부 조금만 해라."

"알았데이. 내 알아서 하께."

"뭐할라꼬 서울에 갈라카노?"

"조타카이 나도 한 번 가볼라꼬."

그 한 달이 할머니 집에 대한 내 마지막 추억이 될 줄 그때는 몰랐다. 바보 같은 손자는 야속하게도 할머니의 마음을 몰라주었다. 어떻게든 절망의 도시인 대구를 떠나 기회의 도시인 서울로 올라가고 싶었다. 서울대학교 니 높은 목표니 하는 이런 것들은 모두 다 핑계에 불과했다. 나는 그저 비정상적인 아버지로부터 도망치고 싶었다.

나는 한 달 동안 어떻게 공부해야 할지 고민해 보았다. 막막했다. 당장 학원에 더 이상 다닐 수 없는 심리상태였기 때문에 우선 학원부터 그만두기로 했다. 학원에 찾아가 학원비 환불을 요청했다. 그러나 학원은 환불은 불가능하다고 못을 박았다. 할 수 없이 나는 학원에서 사물함을 이용할 수 있는 것에 만족해야 했다. 사물함이 학원에 있으니 책들은 학원에 보관하고, 공부는 국채보상운동공원에 있는 중앙도서관에서 하기로 결정했다.

장소는 정해졌으니, 이제 방법을 정해야만 했다. 남은 한 달 동안 어떻게 수능 준비를 할 것인가? 나는 수능 당일날 무엇이 가장 중요한가를 계속 생각했다. 몇 가지 후보들을 떠올려보았다.

1. 최상의 컨디션으로 시험 치기
2. 모의고사를 많이 경험하기

3. 오답 노트를 기억하기

나는 1번인 최상의 컨디션이 수능 점수를 위해 가장 중요하다고 판단했다. 그렇다면 수능 당일 최상의 컨디션을 내기 위해 내가 할 수 있는 일은 무엇일까? 나는 1999년 수능을 떠올려보았다. 그날 나는 왜 실패했을까? 나는 먼저 처음 수능에 실패한 원인을 분석해 보기로 했다.

1. 수능 전날 친구들과 PC방 가고, 패스트푸드를 먹고, 밤늦게까지 돌아다녔다.
2. 수면 시간이 짧았고, 깊은 수면을 취하지 못했다.
3. 수능 시험장에 일찍 도착하지 못해 마음의 준비를 할 시간이 부족했다.
4. 수능 시험장이 어색하고 불편해서 적응이 되지 않았다.
5. 언어영역을 풀 때 시간 조절에 실패해서 두 지문은 아예 읽지도 못했다.
6. 시험시간 내내 도망치고 싶었다.
7. 무엇보다 고3 내내 공부를 하지 않았다.

위의 이유를 토대로 수능 당일 최상의 컨디션을 내기 위해 할 수 있는 일을 생각해 보았다.

1. 수능 시험을 치는 시간에 최대한 편안함을 느껴야 한다.
1-1. 수능 치는 날에 입을 옷을 미리 정한 후,
 그 옷을 한 달 내내 입는다.

2. 수능 문제를 풀 때 최대한 익숙함을 느껴야 한다.
2-1. 수능 시험 시간표를 확인한 후, 그 시간표대로 한 달
 내내 공부한다.

3. 수능 치기 전날 일찍 잠자리에 들어야 한다.
3-1. 한 달 동안 밤 10시에 눕는다. 단, 수능 전날은 8시 30분에 눕는다.

4. 수능 시험장에 아침 일찍 도착해서 마음의 준비를 해야 한다.
4-1. 새벽 5시 30분에 일어나 준비한 후, 택시를 타고 시험장으로 향한다.

5. 제한 시간 안에 모든 문제를 다 풀 수 있어야 한다.
5-1. 제한 시간보다 10분 일찍 문제 풀이를 끝낼 수 있도록

노력한다.

5-2. 모르는 문제가 나오면 시간 끌지 말고, 다음 문제로 넘어간다.

6. 무슨 일이 발생해도 긍정적인 마인드를 유지한다.

7. 쉬지 않고 매일 공부한다.

나는 시내 서점에 가서 EBS 파이널 문제집과 다양한 모의고사 문제집들을 샀다. 욕심 같아선 다 사서 풀고 싶었지만 종류가 생각보다 많아 얼른 포기했다. 문제집을 들고 중앙도서관에 가는 발걸음이 무거웠다. 매일 모의고사를 푸는 공부 방법이 좋은 방법일지 확신이 서지 않았기 때문이다. 한 달도 남지 않은 상황에서 사실 모의고사를 치르는 것 외에 내가 할 수 있는 일은 딱히 없었다. 너무 긴장되어서 이론서를 읽거나, 새로운 내용을 공부해도 머리에 잘 들어오지도 않았다. 마음을 내려놓고, 지금까지 최선을 다한 나를 믿을 수밖에 없었다.

도서관에 가보니 학원 친구들이 이미 와 있었다. 열 명은 넘는 것 같았다. 내 옆자리에는 또 다른 동갑내기 친구가 와서 앉았다. 그 친구는 가방을 내려놓고 나가더니 세 시간이 지나도록 들어오지 않았다. 나중에 와서 내가 똑같은 자세로 공부하고 있는 모습을 보더니 몹시 감탄했다. "너 정말 공부 열심히 하는구나!" 나는 속으로 이렇게 생각했다. "그럼 도서관에 공부하러 오지. 놀러 오냐?"

아침 1교시 시간에는 언어영역을 풀었다. 2교시 시간에는 수리영역을 풀었다. 3교시 시간에는 영어듣기를 한 후, 외국어영역을 풀었다. 4교시 시간에는 과학탐구영역을 차례대로 풀었다. 점심 식사로는 항상 비빔밥을 먹었다. 한 달 내내 나는 항상 동일한 검정 운동복을 입고 중앙도서관 지하 식당에 가서 비빔밥을 먹었다. 물론 매일매일 다른 메뉴를 먹어볼까 고민했었다. 그러나 항상 결론은 비빔밥이었다. 왜냐하면 빨리 먹을 수 있고, 왼손으로 영어단어집을 들고 보면서, 동시에 오른손으로 밥을 먹을 수 있었기 때문이다, 그런데 매일 같은 시간에 매일 똑같은 운동복을 입고 매점 매표소 직원을 찾아가서, 매일 똑같은 멘트인 "비빔밥이요"를 말하려니 여간 민망한 게 아니었다. 특히, 나는 매일 점심과 저녁 하루 두 끼를 비빔밥으로 때웠기 때문에 그 매점 직원이 날 기억할 수밖에 없었다. 어느 날부터 내가 지하 매점으로 내려가면, 그 직원은 이미 손에 비빔밥 식권을 들고 날 기다리셨다. 그 직원은 심지어 내가 말하기도 전에 먼저 내게 식권을 건네려고 했다. 그 직원도 심한 내적 갈등을 겪고 있는 것 같았다. 내가 매점 매표소 앞에서 잠시라도 머뭇거리면 그 직원은 비빔밥 식권을 손에 쥐고, 손이 앞으로 나왔다가 뒤로 들어가기를 몇 번 반복했다. 그럴 때마다 나는 그녀에게 미안함을 느꼈다.

서울대 합격

/

 매일이 수능 당일인 것처럼 생각하고 모의고사 문제집을 풀었다. 점수는 460점 전후로 왔다갔다 했다. 반복되는 모의고사에 나는 서서히 지쳐갔다. 점수는 440점까지 내려갔다. 실력은 점점 퇴보하고, 에너지는 점점 소모되고 있었다. 그래서 과학탐구 영역은 시험을 치르지 않았다. 모든 과목을 시험이 아니라 공부한다는 느낌으로 접근했다. 점심시간에는 도서관에서 수험생 잡지를 읽었다. 서울대학교 공과대학에 합격한 대구고등학교 후배가 쓴 '수능 공부법'을 흥미롭게 읽었다. 그 후배가 한없이 대단해 보였다. 나도 그렇게 되고 싶었지만, 솔직히 결과는 자신할 수 없었다. 그러나 나의 이 꾸준함이 언젠가는 결실을 맺을 것이라 확신했다. 내가 맺을 결실이 궁금했다. 그게 무엇이든 나는 만족하고 받아들였을 것이다. 나는 정말 후회가 없을 만큼 최선을 다했기 때문이다.

내 체력은 바닥을 쳤다. 더 오래 끌면 번아웃될 것만 같았다. 이제는 어떻게든 빨리 승부를 보고 싶다는 간절함이 생겼다. 하루만 더, 하루만 더 힘내자고 스스로를 다독였다. 시간은 흘러 드디어 수능 하루 전날이 찾아왔다. 이날은 특별히 집에 일찍 들어갔다. 처음부터 저녁 8:30에 자기로 계획했던 날이었다. 할머니께서 항상 그 시간에 주무시기 때문에 8:30이라고 취침 시간을 정했을 수도 있다. 할머니와 나는 이부자리를 펴고 잘 준비를 했다. 그때 막내 고모가 들어오셨다. 내가 출출할까 봐 떡을 가지고 오셨다. 막내 고모는 내일 시험 잘 치라고 날 격려해 주셨다. 나는 조금 놀랐다. 할머니를 제외하면, 가족과 친척들 중에서 나의 수능 시험을 이렇게 직접적으로 응원해 준 사람은 막내 고모가 처음이었기 때문이다. 작은 방안에 세 명이 모여 앉으니 방이 더 따뜻해졌다. 따스한 온기는 내 몸과 마음을 이완시켜 주었다.

덕분에 나는 꿀잠을 잤다.

할머니는 새벽 5:30에 날 깨우셨다. 드디어 결전의 날이 왔다. 나는 씻고, 검정색 운동복을 입고, 준비물을 챙겼다. 집을 나서려는데 갑자기 할머니께서 불고기덮밥을 들고 방 안으로 들어오셨다. 나는 무척 감동했다. 입대 이후 집에서 처음으로 먹어보는 불고기였다. 한 달 내내 비빔밥만 먹다가 불고기를 먹으니 입 안에서 살살 녹았다. 특별한 날에 특별한 아침 식사를 준비해 주신 할머니께 감사했다.

그런데 예상치 못한 문제가 발생했다. 수능 시험장에는 매점이 없다는 사실을 간과한 것이다. 지금 생각하면 사실 별 문제가 아니다. 점심 식사 한 끼 굶는다고 문제될 것도 없었고, 배고픔이 걱정되면 편의점에서 초콜릿, 커피, 빵을 사가면 해결되는 일이었다. 그러나 할머니는 너무 당황하여 어찌할 줄을 몰랐다. 할머니는 내게 잠시만 기다려달라고 말씀하시더니, 잠시 후 김밥 한 줄을 사들고 오셨다. 초등학교 앞 문방구 문을 두드려서 가까스로 구한 김밥이라고 말씀하셨다.

나는 가방에 김밥을 넣고, 택시 정류장으로 걸어가 택시를 탔다. 택시 기사님께 "심인고등학교로 가주세요."라고 말하니, 단번에 내가 수험생이란 걸 알아채셨다. 이른 아침이라 거리는 한산했고, 차는 하나도 막히지 않았다. 이상하게도 택시 기사님은 수능 시험장으로 가는 20분 동안 백미러를 통해 나를 힐끔힐끔 쳐다보셨다. 뭔가 하실 말씀이 있는 눈치였다. 도착하기 5분 전에 결국 기사님은 참지 못하시고 내게 질문하셨다.

"집에 차 태워줄 사람이 아무도 없어요?"

"네. 전 괜찮아요."

"아무리 그래도 그렇지 수능시험인데 아무도 관심이 없다니."

"그런 거 아니에요. 저는 괜찮습니다."

나는 괜찮다는 말 말고는 할 수 있는 말이 없었다. 기사님께 우리 집을 설명해 드리기에는 시간이 너무 촉박했고, 무엇보다 오늘은 수능 시험 하나만 생각해야 하는 날이었기 때문이다. 나는 그 택시 기사님의 표정에서 날 진심으로 걱정하는 눈빛을 발견하였다. 그래서 나는 택시 기사님의 말을 듣고, 기분이 전혀 상하지 않았다. 오히려 위로받는 기분이었다.

시험장에 도착해서 시계를 보니 아직 6:30도 되지 않았다. 당연히 1등으로 등교한 줄 알았는데, 나보다 먼저 온 학생이 한 명 있어서 놀랐다. 역시 뭐든지 1등 하기는 쉽지 않다고 생각했다. 내 자리는 창가의 중간 자리였다. 내가 생각할 때 최고의 자리인 것 같다. 창가라서 바깥 풍경을 볼 수 있고, 창문도 살짝 열 수 있었다. 그리고 왼쪽에 아무도 없기 때문에 집중력에 더 도움이 될 것 같았다. 맨 앞이나 맨 뒤에 앉으면 시험지를 가장 빨리 걷어갈 수 있다. 중간자리는 시험지를 걷는 몇 초의 추가시간을 더 가질 수 있어 딱 좋은 자리인 것 같았다. 아침부터 기분이 좋아졌다. 왠지 오늘 좋은 일이 일어날 것만 같았다.

시험시간까지는 앞으로 2시간이 남았다. 내 마지막 공부로 어떤 과목을 선택할지 잠시 고민했다. 나에게 가장 불안한 과목은 무엇일까? 언어영역이었다. 언어영역을

90점 이상 받은 적이 거의 없었기 때문에, 2시간 동안 열심히 공부해서 한 문제라도 더 맞히자고 생각했다. 나는 사자성어, 속담, 맞춤법을 공부하기로 결정했다. 작은 책자를 꺼내 2시간 동안 집중해서 읽었다. 2시간은 순식간에 지나갔다.

  시작종이 울리고, 언어영역 시험지를 나눠주셨다. 맨 마지막 장을 펼쳐서 재빨리 풀었다. 그리고 맨 앞 장으로 돌아와 차근차근 풀어나갔다. 내가 딱 풀 수 있을 만큼 쉽게 출제된 난이도였다. 유명한 지문이 나와 모의고사보다 풀기가 수월했다. 모든 문제를 다 풀었는데도 시간이 아주 약간 남았다. 그 순간 하나님께 감사드렸다.

  대망의 수학 시간이다. 내가 가장 좋아하는 수학, 내가 가장 자신 있는 과목 수학, 꼭 100점을 받고야 말겠다는 각오로 나는 집중했다. 총 30문제 중 막히는 문제가 5문제 있었다. 남은 시간은 30분. 나는 갑자기 불안해졌다. 내가 5문제를 30분 만에 다 풀 수 있을까? 이거 다 틀리면 어떡하지? 손이 떨리기 시작했다. 샤프펜슬을 든 내 오른손은 소나기 아래 나뭇잎처럼 흔들렸다. 떨림은 30

분 내내 제어가 되지 않았다. 나는 손을 떨면서 문제를 풀었다. 다섯 문제 중 두 문제는 가까스로 풀었고, 두 문제는 적당한 수를 계속 대입하는 노가다 방식으로 억지로 풀었다. 가장 어려운 벡터 문제는 어떤 방법으로 풀어도 도무지 풀리지 않았다. 남은 시간은 단 5분. 이제 답안지에 마킹을 시작해야 했다. 문제를 완벽히 풀진 못했지만, 난 답으로서 가장 가능성이 높은 3번을 찍었다. 단 한 문제 빼고 확실히 다 맞힌 것 같았다. 하나님께 감사드렸다.

이제 점심시간이 되었다. 나는 검은색 봉지에서 김밥을 꺼냈다. 은박지를 열어보니 김밥 상태가 좋지 않았다. 김은 눅눅하고, 여기저기 노란 기름이 흘러나와 굳어있었다. 색깔도 약간 흐릿한 게 도무지 신선해 보이지는 않았다. 내 옆자리에 앉은 고3 학생은 무얼 먹나 쳐다봤다. 고3 학생은 엄마가 싸 준 보온 도시락에 담아온 미역국과 밥을 먹고 있었다. 굉장히 부러웠다. 수능시험을 준비하는 내내 그 누구도 부러워하지 않았건만. 내 힘으로 모든 난관을 뛰어넘으리라 다짐했건만. 그때 내 속마음은 약간 무너졌다. 엄마가 싸 준 김밥을 먹어본 적이 있었던

가? 기억이 나지 않았다. 김밥은 너무 맛이 없었지만, 다른 선택권이 없었다. 나는 괜찮겠지라고 생각하며 욱여넣었다.

30분 정도 지나자 아랫배가 살살 아프기 시작했다. 시험을 치기 전 화장실에 다녀와야 할 것만 같았다. 나는 휴지를 챙기고 자리에서 일어났다. 정말 불행하게도 바로 그때 3교시 시작종이 울렸다. 나는 다시 앉아야만 했다. 등에서 식은 땀이 약간 흘러내렸다. 영어 듣기 11번이 약간 들리지 않았다. 그때 나는 너무 당황한 나머지 12번까지 계속 정신줄을 놓고 말았다. 이 두 문제는 나머지 영어시험을 치는 내내 내 마음을 압박했다. 문제를 다 풀긴 했지만, 내 마음은 찝찝했다.

과학탐구영역 시간은 이상하게 마음이 편했다. 이제 마지막 시험이란 생각이 드니 빨리 끝내고 집에 가고만 싶었다. 긴장이 풀리고 집중력이 떨어지는 느낌을 받았다. 수능 시험 날 아침에 불타올랐던 나의 열정은 약간 미지근하게 식은 채로 끝을 맺었다. 이제 내 의식은 수능모드에서 현실모드로 다시 돌아왔다. 앞으로 어떻게 혼자 살아가야 할지 막막했다. 그러나 어쨌든 끝났다. 나는 최선을 다했다. 이것으로 되었다. 난 정말 믿을 수 없을 만큼 홀가분했다. 하나님께 감사드렸다.

교실 밖을 나와 교문으로 걸어가는 발걸음은 기대감으로 가득 차 있었다. 틀릴 수도 있는 문제들을 세어보았다. 이를 토대로 수능점수를 계산해 보니 정확히 475점이었다. 믿을 수가 없었다. 난 내 목표를 이룬 것이다. 그러나 아직 채점 전이기 때문에 확신할 순 없었다.

교문 앞에 용이와 욱이가 날 기다리고 있었다. 엄마와 키다리 아저씨도 와 계셨다. 그들은 내게 "수고했다. 그동안 고생했다."고 말하며 격려해 주었다. 나의 시험을 기억하고, 수험장까지 찾아와준 그들의 정성에 나는 감동했다. 그 감동은 지난날들의 고생들 하나하나를 지나가며 위로해 주었다. 그날 나는 수능 공부 시작 이후 처음으로 술을 마셨다.

저녁 식사가 끝나고, 친구들과 나는 2차로 PC방에 갔다. 6개월 만에 가니 PC방의 분위기가 너무 어색해 도무지 적응되지 않았다. PC방에 가자마자 나는 채점하기 위해 수험표 뒤에 적어 온 내 답안을 꺼내고, 인터넷으로 '수능 정답'을 검색했다. 난 너무 긴장되어서 친구들과 멀리 떨어진 구석에 혼자 앉았다. 다행히 친구들은 서서히 게임의 세계에 집중하기 시작했다. 나는 떨리는 마음으로 채점을 시작하였다.

언어영역에서 틀린 문제는 단 두 문제였다. 1점짜리 한 문제와 2점짜리 한 문제. 언어영역 점수는 97점이었다. 재수학원 입학 이후 문제집을 풀거나 모의고사를 칠 때, 단 한 번도 받아본 적 없는 점수였다. 기적이 일어났다. 나는 흥분하기 시작했다.

수리영역을 채점하고 나는 소리를 지를 뻔했다. 만점이었다. 마지막에 3번으로 찍은 벡터 문제를 맞힌 것이다. 1,2교시 점수는 200점 만점에 197점이었다. 나는 '이러다 서울대 의대 들어가는 거 아냐?'라는 행복한 상상을 잠시 했다. 빨리 친구들에게 말해주고 싶었지만 꾹 참았다.

외국어영역은 듣기에서 두 문제, 독해에서 두 문제 총 네 문제를 틀렸다. 점수는 92점이었다. 영어듣기에서 두 문제나 틀려서 속상했다. 순간 김밥이 원망스럽고, 그걸 먹은 나 자신이 실망스러웠다. 외국어영역 1등급은 힘들 것만 같았다. 그래도 최악의 점수는 아니었다. 1,2교시에서 좋은 성적을 냈으니 큰 문제는 되지 않을 것 같았다. 긍정적으로 생각하려고 노력했다.

과학탐구영역은 화학, 생물에서 각각 1개씩 틀렸다. 그 과목들은 만점을 받은 적이 없는 과목들이었기 때문에 그 정도면 나름 선방했다고 생각했다. 200점 만점에 194점을 획득했다. 총점을 계산해 보았다. 가채점 결과, 500점 만점에 483점이었다. 내 목표인 475점을 뛰어넘는 멋진 점수였다. 하나님께 감사드렸다. 서울대 약대에 가게 해달라는 나의 황당한 기도를 하나님께서 들어주신 것이다.

다음 날 시험지를 보며 다시 가채점을 하기 위해 재수학원에 다시 갔다. 데미안과 친구들을 만나 어제 본 시험에 대해 나누었다. 데미안은 나를 보자마자 내 수학 점수를 물었다. 내가 100점이라고 말하니 "오 마이 갓"이라고 대답하며 깜짝 놀랐다. 데미안은 "학원에서 수학 만점자를 아직 세 명밖에 못 봤어"라고 덧붙였다. 나도 데미안의 점수가 궁금해졌지만, 아무 말도 하지 않았다. 그의 표정과 말투에서 초조함이 느껴졌기 때문이다.

나는 성균관대 약대, 서울대 약대, 계명대 의대에 입학원서를 넣었다. 성균관대 약대는 4년 전액 장학금 혜택이 있기 때문에 당장 돈이 한 푼도 없는 나에게 가장 이상적인 학교였다. 하지만 내 목표는 서울대 약대였기 때문에 최악의 상황에만 가기로 결정했다. 계명대 의대는 순전히 내 욕심으로 지원한 곳이다. 실력이 없어서 의대에 못 간 게 아니라, 돈이 없어서 의대에 안 갔다는 것을 증명하고 싶었다.

육년간의 경험으로 데미안은 점수와 지원학과만 들어도 합격인지 불합격인지 알 수 있었다. 내가 지원학과를 말하자 데미안은 "3타수 3안타. 걱정할 거 하나도 없어. 좋겠다."라고 말했다.

학원 담임선생님은 나와 입시상담을 하면서 내게 자꾸 쓸데없는 질문을 했다. 예를 들어, "너희 아버지 뭐하시노?" 같은 질문 말이다. 나는 "회사원입니다."라고 거짓

말했다. 만약 내가 정직하게 "저희 아버지는 정신병동에 강제 입원 중이십니다."라고 말했다면 그분의 표정이 어땠을까? 나는 너무 부끄러워서 차마 그렇게 말하지 못했다. 또 그렇게 말하는 건 아버지에 대한 실례라고 생각했다. 선생님은 왜 내 얼굴을 그렇게 빤히 쳐다보셨을까? "니 누구꺼 베꼈노?"라고 내게 말해서 미안하셨던 걸까? 내 성적이 4개월 만에 90점이나 올라서 놀라셨던 걸까? 마지막에 선생님은 환하게 웃으시면서 이렇게 말씀하셨다. "의대 합격. 축하한다."

교회 청년부 목사님으로부터 같이 식사하자는 연락이 왔다. 평소 내가 존경하던 목사님이시고, 또 경북대 선배님이셨기 때문에 거절할 수가 없었다. 목사님은 내가 태어나 한 번도 먹어보지 못한 중국집 코스 요리를 사주셨다. 너무 황송해서 몸 둘 바를 몰랐다. 목사님도 학원 담임선생님처럼 내게 "의대 합격을 축하한다"고 말씀하셨다. 그 당시 나는 어른들이 내게 왜 그런 말씀을 하시는지 이해하지 못했다. 나는 목사님께 이렇게 말씀드렸다. "목사님, 저는 서울대 약대에 가려고 합니다. 그곳에 가기 위해 하나님께 기도드렸고, 하나님께서 이렇게 응답해 주신 겁니다." 목사님은 그래도 의대에 가는 게 더 좋다고 말씀하셨다. 지금 생각하면 내게 굉장히 도움 되는 합리적인 조언이다.

  기도 응답 외에도 내게는 의대에 갈 수 없는 이유가 3가지 더 있었다. 첫째로 경제적인 이유였다. 우리 집은 부동산을 포함한 전 재산이 2천만 원밖에 되지 않을 정도로 가난했다. 의대 등록금 5백만 원을 낼 돈도 당연히 없었다. 지금 생각해 보면 마이너스통장을 만들거나, 대출을 받는 방법이 있었다. 그러나 그렇게 할 수 없는 두 번째 이유가 있었다. 둘째로 정신적인 이유였다. 가끔 나는 아버지가 나를 찾아와 괴롭히는 꿈을 꿨다. 실제로 충분히 일어날 수 있는 일이었다. 만약 내가 계명대학병원에서 일을 하게 된다면, 아버지는 분명히 그곳을 찾아오실 것이다. 병원에서 난동을 부리거나, 자해할 확률이 높았다. 늘 그런 불안에 시달리면서 살 수는 없었다. 난 무조건 아버지로부터 멀리 도망가야만 했다. 셋째로 쾌락적인 이유였다. 만약 내가 대구에서 계속 살게 된다면 다시 게임에 빠질 것 같았다. 나는 성격이 단순해서 두 가지 일을 동시에 할 수가 없다. 나는 게임 중독자가 되거나 공부 중독자가 되거나 둘 중 하나가 될 수밖에 없다. 그런데 대구에는 가장 친한 친구들이 많았기 때문에, 친구들에게는 정말 미안하지만 대구를 떠날 수밖에 없었다.

시간이 흐를수록 '만약'이라는 가정을 많이 하게 된다. 만약 그때 누군가가 내 스폰서가 되어주었다면 어땠을까? 만약 그때 누군가가 나에게 돈을 빌려주었다면 어땠을까? 만약 그때 누군가가 나에게 먼저 대출을 받고, 졸업 후에 갚으라고 알려주었다면 어땠을까?

이런 생각을 하다가도 결국은 동일한 결론에 이른다. 지금까지의 인생을 천천히 돌아볼 때 서울대 약대에 가기로 한 것이 가장 잘한 선택이었다는 결론에 도달한다. 만약 지금의 내 경제적, 정신적 상태라면 물론 이야기가 달라지겠지만, 23살의 나는 참 어리고 약했다. 아직 모든 무거운 짐을 짊어질 준비가 되지 않았다. 난 누군가의 도움이 필요했다.

축하받지 못할 합격

/

 아버지가 퇴원하셨다. 나는 아버지께 말씀드렸다. "아버지 저 계명대 의대 합격했어요." 아버지는 아무런 대답도 하지 않으셨다. 학원 담임선생님이나 교회 목사님처럼 축하한다는 말 한마디도 해주지 않으셨다. 아버지는 침묵을 지키셨다. 그 앞에서 나는 감히 5백만 원 이야기를 꺼낼 수 없었다. 체념한 나는 등록금 고지서를 찢어버렸다.

 4년 전액 장학금을 준다는 성균관대 약대에 가기로 마음을 먹었다. 돈 없이 공부할 수 있는 방법은 도저히 생각해 낼 수가 없었다. 그런데 서울대 약대에서 문자가 왔다. "합격을 축하합니다. 등록금을 OO월 OO일 OO시까지 납부해주세요." 나는 수능 공부를 하기 전 하나님께 드렸던 기도를 떠올렸다. 그렇다. 서울대 약대 합격은 하나님의 기도 응답이었다. 난 어떻게든 그곳에 들어가야만 했다. 집에 계신 아버지를 찾아가 이렇게 말씀드렸다.

"아빠, 저 서울대 약대 합격했어요."

"나는 니가 경북대 복학했으면 좋겠다."

"네? 그게 무슨 말이에요?"

"경북대 전자전기과가 취업도 잘 된단다."

아버지 앞에서 등록금 이야기는 꺼내지도 못했다. 아버지는 내가 예전처럼 아버지와 함께 공장에 나가길 원하셨다. 그게 아니라면 경북대에 복학해서 내가 대구에 남길 원하셨다. 지금은 아버지가 왜 그러셨는지 조금 이해하지만, 그때는 도저히 납득할 수가 없었다. 서울대 합격증은 내가 6개월 동안 목숨을 걸고 공부한 노력에 대한 정당한 대가였다. 난 억울해서라도 도저히 포기할 수가 없었다.

나는 어쩔 수 없이 할머니께 말씀드렸다. 나는 할머니께 딱 한 번 등록금 3백만 원만 내주시면, 나머지는 내가 다 알아서 하겠다고 말씀드렸다. 며칠 후 등록금 납부 마감 몇 시간 전에 할머니께서 전화하셔서 내게 이렇게 말씀하셨다. "돈 구해놨다. 집에 와서 아빠랑 같이 은행 가라."

내게는 잊을 수 없는 감동의 순간이었다. 아버지와 나는 집에서 가까운 대구은행으로 갔다. 아버지는 3백만 원을 인출하시기 위해 현금자동인출기 앞으로 가셨다. 기계에 버튼을 누르시면서 아버지는 내게 이렇게 말씀하셨다. "이 돈 니 주기 너무 아깝다." 아버지의 눈빛은 불안하게 흔들렸고, 손이 조금 떨리는 것 같았다. 아버지는 두 손에 3백만 원을 꼭 쥐고 한참 동안 놓지 않으셨다. 내게 3백만 원을 줄까 말까 계속 고민하시는 것 같았다. 휴~ 한숨과 함께 아버지는 그 돈을 내게 주셨다. 나는 이렇게 말했다. "감사합니다."

그렇게 나는 어렵게 서울대생이 되었다. 내가 서울대

에 합격했다는 소식은 순식간에 퍼져나가 온 동네 사람이 다 알게 되었다. 가까운 이웃인 한 아주머니는 이렇게 말씀하셨다. "어떻게 그 집안에서 서울대에 들어갈 수 있지?" 동네 친구는 내게 이렇게 말했다. "니가 다른 데는 다 들어가도 절대로 서울대는 못 간다 생각했데이. 서울대는 면접고사가 있다 아이가. 근데 니는 '몰라' 이 말밖에 못 하잖아. 니 어떻게 합격했노? 진짜 축하한데이." 우리 할머니는 새벽기도 시간에 목사님의 축하를 받으셨다. "우리 교회 유품이 권사님 손자가 서울대학교에 합격했다고 합니다. 축하드립니다." 할머니는 내게 그 말을 해주시며 해맑게 웃으셨다. 나는 그 무엇보다 할머니의 웃음이 좋았다. 내가 할머니의 기쁨이 될 수 있어서 행복했다.

설날에 가족들이 다 모였다. 사촌 누나가 9급 공무원 시험에 합격해 온 가족이 진심으로 축하해주었다. 반면 내 서울대 합격은 찬밥 신세였다. 왜 그랬을까? 나는 오랫동안 이 질문을 두고 궁금해했다. 나이 마흔이 넘자 조금씩 이해하게 되었다. 어른들은 그럴 수밖에 없는 이유가 있었던 것이다. 이 집안에서 '서울대'는 마치 '우주'처럼 비현실적인 단어 같았다. 수도권 대학에 입학해 본 사람은 한 명도 없었고, 심지어 서울대에 놀러 가 본 사람도 한 명도 없었다. 그들이 볼 때 나는 이제 비현실적인 존재가 된 것 같았다. 만질 수는 있지만, 볼 수는 없는 투명 인간 같은 존재가 된 기분이었다. 투명 인간은 있다고도 말할 수 없고, 없다고도 말할 수 없다.

에필로그

1st
나는 내 안의 어린 나를 위로한다

 내 친구는 가장 가까운 가족을 양쪽에 두고 혼란스러워했다. 누군가가 명확한 잘못을 저질렀다면, 그 사람에게 사과를 요구하고 관계를 회복하기 위한 단계를 밟아갈 수도 있었을 것이다. 하지만 가족 간의 갈등은 그렇게 단순하지 않았다. 어디서부터 시작된 것인지, 무엇이 문제인지 명확히 짚어낼 수 없을 때가 많다.

 가족이기 때문에 서로 참고 또 참다가, 결국 한계에 다다르면 한순간에 무너진다. 멀어진 관계를 다시 되돌리기 어려운 순간이 있다. 더 이상 참을 수 없거나 용납할 수 없는 분명한 이유가 생긴다면, 그 균열은 쉽게 메워지지 않는다. 친구의 아내와 친구의 아버지 사이에도 설명하기 어려운 감정이 흐르고 있었다. 단순한 불화가 아니라, 깊은 상처가 그 안에 자리 잡고 있는 듯했다.

그러다 친구와 더 깊이 이야기를 나누며, 나는 우연히 친구의 아내가 아주 어릴 때 아버지를 불의의 사고로 잃었다는 사실을 알게 되었다. 그 순간, 나는 그녀의 마음이 조금은 이해되었다.

"나도 어렸을 때 엄마의 부재로 인해 버림받은 기분을 많이 느꼈어. 특히 친구 집에 놀러 가서 친구의 엄마를 볼 때마다 그렇게 부러울 수가 없었지. 어릴 때부터 아버지를 잃은 제수씨도 아마 나와 비슷한 아픔을 겪었을 거야. 내 생각에는 지금도 그 상처 때문에 슬퍼하는 것처럼 보여. 시아버지와의 불화가 잊고 싶은 그 기억을 자꾸만 끄집어내는 것 같아."

그 말을 전하며, 나는 문득 나 자신을 돌아보게 되었다. 나 또한 내 아이를 키우면서, 잊었다고 생각했던 지난날의 기억들이 끊임없이 떠오르곤 했다. 따식이를 바라보는데, 왜 어린 시절의 내가 보이는 걸까?

 과거는 정말 끈질겼다. 현재를 살아가는 내가 앞을 보려 하면, 마치 백미러 속에서 과거가 따라붙는 것 같았다. 사이드미러를 볼 때마다, 나는 언제나 그 시절의 나와 마주쳤다. 하지만 정작 맨 정신으로 주위를 둘러보면, 그때의 나는 이미 존재하지 않았다.

 나는 깨달았다. 과거는 자동차가 아니라, 백미러였고, 사이드미러였고, 내가 쓰고 있는 안경이었다. 과거라는 안경은 내가 보는 사물을 왜곡시켰고, 과거라는 거울은 내 무의식 속 상처와 욕구를 반사하고 있었다.

 어떤 사람들은 말한다. "그만 잊어버려. 다 지난 일이야." 하지만 과거는 그렇게 쉽게 사라지는 것이 아니었다. 심리 상담 전문가는 말한다. 과거의 경험이 무조건 해로운 것은 아니라고. 어떻게 반응하고, 어떻게 처리하느냐에 따라 유익한 결과를 만들 수도 있다고.

 과거의 경험이 미래의 나를 만들어 나간다면, 우리는 그 아픔 속에서 인내하며 배우고 이겨내야 한다. 그렇지 않고, 아픔을 회피하며 아무것도 하지 않는다면, 오히려 퇴보하게 된다.

솔직히, 나도 회피하고 싶었다. 더 이상 버림받기 싫었다. 더 이상 나에게 상처를 준 사람들로 인해 고통받고 싶지 않았다. 이제는 내가 그들을 버려야 할 때라고 생각했던 적도 있다. 그래서 대학 졸업 후, 나는 아무 연고도 없는 강원도 원주로 도망쳤다.

그러나 원주에서 나는 도망이 아니라, 새로운 시작을 맞이했다.

하나님의 은혜로 예수님을 만났고, 그 순간 나는 죄책감에서 해방되었다.

하나님께서는 대학교 최우등 졸업을 통해 나를 세상적인 열등감에서 해방시키시더니, 원주에서는 하나님을 아버지로 맞이함으로써 '고아'라는 열등감에서도 나를 해방시키셨다.

그리고 나는 비로소 용기를 냈다.

나는 내 안의 어두운 곳에서 혼자 울고 있는 작은 아이의 방문을 열었다.

다양한 나이대, 다양한 장소에서, 여러 가지 이유로 상처받아 울고 있는 어린 '나'들이 있었다. 나는 그 아이들을 한 명 한 명 찾아가 안아주고, 위로해 주었다. 함께 울고, 함께 웃었다. 나는 그 아이들에게 말했다.

"지금 너희들은 상상도 할 수 없겠지만, 10년 후, 20년 후의 너는 예쁜 색시와 결혼해서 아들도 둘 낳고, 정말 누구보다 행복하게 살고 있을 거야."

그렇게 나는 내 과거를 위로하며 성장해 나갔다.

물론, 이 모든 것이 끝난 것은 아니다.

내 안에는 여전히 상처받은 아이들이 살아가고 있다. 이제는 내 문제뿐만 아니라, 내 가족의 문제까지도 직면해야 한다. 도망칠 수도 있다. 나는 또다시 성장과 퇴보의 갈림길 앞에 서 있다.

내가 할 수 있는 것은 단 하나.

지금까지 그래왔던 것처럼, 주님의 은혜에 기대어 한 걸음씩 내디디는 것뿐이다.

결과는 내 손에 달린 것이 아니다.

나는 더 이상 불안해하지 않는다.

나보다 나를 더 잘 아시는 분이 주님이시고,

지금까지 나를 가장 좋은 길로 인도하신 분 또한 주님이시기에.

나는 오늘도 내 과거를 품고, 앞으로 나아간다.

2nd

희망과 가능성의 이야기

 어린 시절의 나는 점점 장난기를 잃고 점점 내성적이고 소심한 아이로 변했다. 집에서는 폭력과 가난이 일상이었고, 세상은 내게 가혹했다. 매일이 살아남기 위한 투쟁이었다. 어른들이 내 존재를 부정하고, 세상에서 나를 쓸모없는 존재로 바라보던 그 시절, 나는 조용히 살아남는 법을 배웠다. 하지만 그런 환경에서도 나를 지탱해 준 것이 있었다. 그것은 내 안의 작은 희망과 주위의 도움, 그리고 포기하지 않는 나의 의지였다.

 나는 때때로 좌절하고 절망했지만, 결국 여기까지 왔

다. 오락실에서 작은 성취감을 느끼던 그 시절부터, 부모에게 버림받아 혼자가 되어버린 고등학교 시절, 그리고 서울대에 합격하고 차석으로 졸업하기까지, 나는 결코 포기하지 않았다. 나를 괴롭히던 과거는 더 이상 나를 얽매지 않는다. 오히려 그것은 나를 단단하게 만들었고, 내가 성장할 수 있는 계기가 되었다.

돌아보면, 나는 그 모든 과정에 감사한다. 나를 믿어준 할머니, 선생님, 친구들, 그리고 무엇보다도, 스스로를 포기하지 않았던 나 자신에게.

나는 서울대에 입학했고, 차석으로 졸업했다. 졸업식 날, 내 손에는 총장 도장이 찍힌 최우등 졸업상장, 금메달, 금반지가 들려 있었다. 많은 사람이 나를 '전설'이라고 불렀고, '몬스터'라는 별명을 붙여 주기도 했다. 그 별명은 내 노력이 만들어 낸 결과였다. 나는 살아남기 위해 학업에 몰입했고, 목표를 향해 달려갔다. 학문의 장에서 나를 증명해 내는 것은 내게 주어진 또 다른 도전이었다.

그러나 서울대에서의 시간은 결코 쉽지 않았다. 매일 아침 5시에 일어나 강의실로 향했다. 그곳에서 전국의 전교 1등들, 모의고사 만점자들, 심지어 수능 공동 1등과 경쟁해야 한다는 사실이 너무나 두려웠다. 나는 가난했고, 장학금을 타야만 했으며, 생활비를 벌기 위해 근로장학생으로 장애인 도우미까지 해야 했다. 그 과정에서 써니라는 친구를 만나 좋은 추억을 쌓았지만, 당시에는 오로지 생존을 위해 버텨야 했다.

졸업평점 0.003점 차이로 아쉽게 차석으로 졸업했지만, 나는 후회하지 않는다. 그동안 할 수 있는 최선을 다 했고, 더 이상 후회할 것이 없었다. 그 노력은 나를 지금의 자리로 이끌었으며, 앞으로의 길을 밝히는 힘이 되었다.

나는 서울대라는 목표를 이루며 깨달았다. 인간은 어떤 환경에서도 성장할 수 있다. 나는 불우한 환경에서도 공부를 통해 탈출구를 찾았고, 스스로를 증명해냈다. 나의 노력은 나를 배신하지 않았다. 그리고 나아가, 나는 더 나은 사람이 되기 위해 계속 성장하고 있다. 성장은 멈추는 것이 아니라, 끊임없이 도전하는 과정임을 알게 되었다.

나의 성장 과정에서 가장 중요한 순간은, 단순한 학업 성취가 아니라 '나는 무엇이든 해낼 수 있다'는 자신감을 얻었던 바로 그 순간이었다. 힘들었던 유년 시절을 지나, 나는 도전을 즐길 수 있는 사람이 되었다. 그리고 그 도전 속에서 나 자신을 발견했다.

나는 여전히 가정 문제로 힘들어하고 있다. 과거의 상처는 쉽게 아물지 않으며, 삶은 여전히 새로운 도전의 연속이다. 하지만 나는 과거에서 배운 교훈을 붙들고 버티고 있다.

독자들에게 꼭 전하고 싶은 말이 있다.

"노력은 배신하지 않는다."

삶이 고통스러울지라도, 희망은 여전히 존재한다. 내가 그러했듯, 누구든지 자기 길을 개척할 수 있다. 특히 어려운 환경에 처한 이들에게, 나는 말하고 싶다. 당신은 성장할 수 있다. 당신은 바뀔 수 있다. 그리고 당신은 더 나은 미래를 만들 수 있다.

그 어떤 환경에서도, 자신을 믿는다면 길을 찾을 수 있다. 힘들더라도 멈추지 말고 앞으로 나아가라. 나 또한 포기하고 싶었던 순간이 많았지만, 끝내 나아갔다. 그 결과, 지금 나는 이 글을 통해 여러분에게 희망을 전하고 있다.

이제는 받은 것을 사회에 돌려줄 시간이다. 나는 과거의 나와 같은 환경에 놓인 사람들에게 희망을 주고 싶다. 나의 이야기를 통해 그들이 희망을 품고 나아갈 수 있도록 돕고 싶다. 간증을 통해, 강의를 통해, 책을 통해, 그리고 내 삶 자체를 통해.

나는 앞으로도 계속 도전할 것이다. 이 도전은 단순히 내 삶을 위한 도전이 아니라, 더 많은 사람들에게 희망을 주기 위한 도전이다. 나처럼 어려움을 겪고 있는 아이들이 더 나은 미래를 꿈꿀 수 있도록, 나는 나의 이야기를 계속할 것이다. 그리고 그들을 위한 길을 만들기 위해, 내 삶을 살아갈 것이다.

1권이 대학 입학 이전의 나를 돌아보는 여정이었다면, 2권에서는 대학 입학 이후의 삶을 그려보고자 한다. 서울대 졸업 이후, 약국에 취업하고 신학교에 입학하면서 내 삶은 또 다른 전환점을 맞이했다. 그곳에서 나는 아내를 만나 결혼하고, 두 아들을 낳았다. 그리고 마침내 처방전이 거의 없는 상담전문약국인 서울드림약국을 경영하면서 건강상담 전문가로 거듭났다. 그 과정 속에서 나는 과거와는 다른 배움, 다른 깨달음을 얻었다.

2권에서는 내 삶의 또 다른 여정을 펼쳐 보이려 한다. 단순한 성공담이 아닌, 다시 시작된 도전과 새로운 배움, 그리고 인생의 깊이가 더해지는 이야기이다. 나는 여전히 넘어야 할 산이 많다. 하지만 나는 이제 그 산을 어떻게 넘어야 할지 알고 있다. 독자들과 함께 나아가며, 그 과정에서 배운 것들을 공유하고자 한다. 나의 도전은 이제 시작일 뿐이다.

"**별이 가장 빛나는 순간은 가장 어두운 밤하늘 아래에서입니다. 나의 이야기가 누군가에게 작은 별빛이 되기를 바랍니다. 그리고 우리의 여정은 이제 막 시작되었습니다.**"

1판 1쇄 발행일	2025년 2월 28일
지은이	박일섭
펴낸이	황준연
표지 본문 디자인	오형석
펴낸곳	작가의집
출판사등록	2024.2.8(제2024-9호)
주소	제주도 제주시 화삼북로 136, 102-1004
이메일	huang1234@naver.com
연락처	010-7651-0117
홈페이지	https://class.authorshouse.net
ISBN	979-11-990621-4-6 (03810)

· 이 책은 저작권법에 의하여 보호를 받는 저작물이므로 무단 전재와 복제를 금합니다.
· 파본은 구입하신 서점에서 교환해드립니다.